「頭のいい女子」のその後を追った

# 東大を出たあの子は幸せになったのか

樋田敦子

大和書房

幼いころは、まわりの誰かが
幸せにしてくれると思っていた。
でも現在の世の中では、
指輪も車も、
誰も買ってはくれない。
自分で獲得するしかないのだ。
がんばって、がんばって、
女子は、本当に幸せになれるのだろうか。

卒業するまでは感じなかった
「東大卒」という世間のイメージ。
肩書きと内なる葛藤を抱えて、
女性たちは、どのように生きているのか。

女性が輝く社会へ——と言われて久しいけれど、
実際には違う価値観が、同時に存在することを、
女性なら誰もが知っている。

さまざまな東大女子たちがたどった軌跡を
追ってみたいと思う。

# はじめに

東大法学部を卒業後、財務省に入省し、ハーバードのロースクールを経て弁護士になった山口真由（以降、敬称略）はオフィシャルブログでこう話す（一部抜粋）。

東大女子は、男子なのか女子なのか問題。自分の女性性に対する誇りと嫌悪感。（中略）これがおそらく東大女子の生きづらさであって、東大に女子志願者が増えない遠因ではないかという気がする。

（2016年11月30日）

山口の言うように、東大卒業というエリート看板に、女性としての生きづらさの原因があるのではないか。その1年前に、電通過労自殺事件が飛びこんできた。犠牲になったのは、東大を卒業して電通の新入社員だった高橋まつり。彼女は小学校のころから、努力して努力して、東大合格を勝ち取っていた。

「東大に入ったら、なりたい自分になれる」

そう信じていた。

なぜ最高の学歴を持ち、将来ある彼女が亡くならなければならなかったのか。

東大を出て彼女は幸せだったのか、不幸だったのか――。そんなことを思った。


東大卒女子たちに興味を抱き、取材を始めた。

周囲にいる東大卒の仲間からつてをたどり、〝男並み〟に働くバリキャリ女性を中心に聞きこみを行った。官僚や弁護士、医師という資格を取得し、その世界で活躍するなら、東大卒の不便や不幸を感じないと思う。しかし、それ以外の一般企業に飛びこんだ女性たちはどうなのだろうか。

30代後半から40代の彼女たちは、ごく当たり前に、30代らしい女性の悩みを持っていた。独身で人生を自分のペースで生きている女性。広告の世界でバリバリと働いていたものの夫の転勤で地方に行った女性。置かれている立場は違うが、順風満帆に人生を歩んでいると思っていた。しかし、そう単純ではなかった。

「会社の上司、同僚は大学時代、体育会で活躍していた男性ばかり。明らかに学歴コンプレックスを持ち、事あるごとに『東大はさ、なんだかウザいんだよ』と非難された」

彼女たちはあきらかに東大を卒業したことによる〝不幸〟を体験していた。

女性たちが幸せになるためには、勉強して学歴をつけた後、どういう道を進むとよいのか。小さいころから頭がよくて、しかも努力をし続けてきた、東大卒女子のその後を追いながら、幸せになる条件を探した。

もちろん、学歴だけが関係しているわけではないだろう。結婚して子どもを産み、自分なりに幸せな家庭を築くことに目標を置く人もいる。取材に応じてくれた現役の東大女子は「専業主婦になるんだったら、東大卒の肩書きは必要ないと思う」とはっきり答えた。

しかし本当にそうだろうか。これからの世の中、専業主婦になるには相当な覚悟がいる。非正規雇用が多い時代、夫の収入だけでは生活が立ち行かなくなるケースも出てくるはずだ。シングルマザーの貧困も深刻だが、二人親でも困窮の危機に瀕している家庭はまたある。

少しでも家計の足しにと、妻たちが働きに出ようとしたとき、仕事を選ばなければ職はあるだろう。少しでも自分の希望に沿うような働き方をしようと思えば、学歴があったほうがいいし、何か他人とは違った才能のあるほうが、雇用されやすいだろうと思う。

東大卒女子は、子ども時代はどういう子で、勉強に対する姿勢はどうだったか。

出会った東大卒女子たちは、「おもしろそうな企画！」と応じてくれた。彼女たちは明確に自分の立ち位置をとらえて、冷静に理路整然と話をしてくれた。一方で、東大卒という肩書きで仕事をしていないので、メリット、デメリットはちっともない。そんな理由で取材を断られたケースも多々あった。

取材させてもらった30人を超える女性たちには、共通の質問事項を中心に聞いた。

・東大を目指した理由
・親や親族に東大卒がいるか
・受験勉強のやり方
・東大女子のメリット、デメリット

・自身の子どもには東大を目指してほしいか
・勉強は幸せをつかむ手助けになるか

さらに彼女たちの現状の思いや悩みにそくして、質問を追加した。
東大という社会への最上級のパスポートを手に入れた彼女たち。今の日本で幸せになるための条件とは何なのかを探っていく。

樋田敦子

東大を出たあの子は幸せになったのか　もくじ

## 2章 地方にいる頭のいい女子

東大卒でなければ今の私はない
「国公立四大卒」のほうがモテる



50歳で東大生になる―幼稚園生の息子に「方程式」
母と娘の共依存関係―息子は落ち、母は東大へ
いくつでも、始めるのに遅すぎることはない

## 3章

# 1974年生まれの異才たち



桜蔭の問題児―勉強しないと不幸になる―東大至上主義の家
74年生まれの同級生―山尾と豊田の華麗なる経歴
理想の学校をつくる女性リーダー
女子アナから医師へ―初めての挫折、司法試験―転機
母から受けた傷―生活保護―東大出たって、ふつうのおばさん

# 4章 「東大だから」の差別

## 5章

## 東大の看板は捨てました

# 6章 勉強したほうが幸せになれる

# 1章

# 東大女子はこうして育った

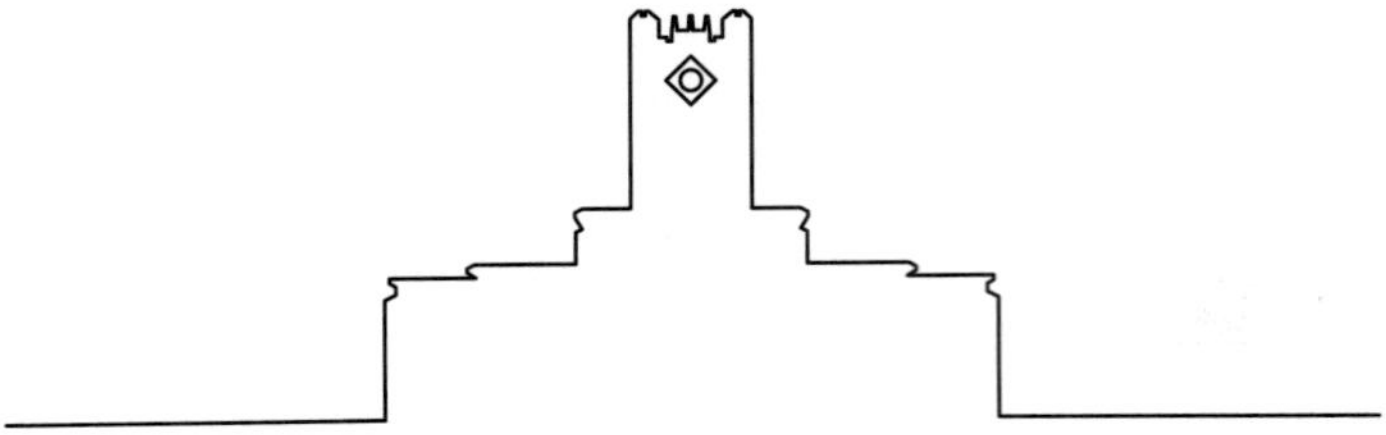

あの子の人生には東大が必要だった。
東大に入ったら、なりたいものになんだってなれる。
やりたいことができる。そう信じていたのに――。
志半ばで命を落とした女子、
新しく道を踏み出した女子。
単純ではない女子の世界で、
幸せになるためにはどうしたらいいのか。

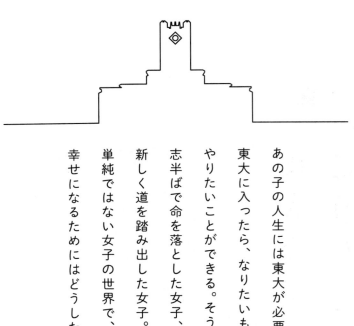

# 0円東大生

## ――東大から電通、そして……――

晴れていれば、真正面に富士山が見える。この日はあいにく曇り空で、日本一のその壮麗な姿は望めなかった。富士山しかないような故郷を、彼女はあまり好きではなかったという。知識欲が旺盛で、負けるのが嫌いだった少女の興味や関心は、小学生のころから東京を向いていた。亡くなる数か月前、田舎が嫌いだったはずの彼女は言った。「こんな富士山が見える田園風景の中で育つことができて、幸せだったのかもしれないなあ」。

途中のスーパーマーケットで手向ける花を買い、真新しい墓石の前に立った。享年24。人生でいちばん楽しいであろうときに、彼女はなぜ自ら死を選ばなければならなかったのか。手を合わせると、頭脳明晰、容姿端麗、そのフレーズがぴったりな高学歴女性の無念を感じた。

高橋まつり。東京大学文学部を卒業し、国内最大手の広告代理店・電通に勤めた。しかし過重労働によりうつ病を発症し、２０１５年のクリスマスに投身自殺を図ったのだった。入社１年目。エリート街道を歩き始めたばかりである。

「高橋まつり」の文字がメディア、とりわけ新聞の紙面をにぎわすきっかけになったのは、２０１６年の９月30日付で、三田労働基準監督署が労災と認定したからだった。時間外労働が15年の10月９日から11月７日までの１か月で１０６時間50分に達していたこと。この長時間労働が原因で、11月上旬ころには、睡眠障害、抑うつ気分などの精神疾患を発病し、12月25日に自殺を企図《きと》し死亡に至ったと判断された。

これを受けて、まつりの母親・幸美と、担当弁護士の川人博が記者会見を行った。労災認定の場合、遺族が実名で顔を出して会見するケースはあまりなかったと思う。ところが予想に反して、幸美は、娘であるまつりの遺影を手に、まっすぐ前を向いて、堂々と質問に答えた。幸美は、娘の尊厳を守り、電通が行った違法行為を世間に知らしめることが私の責務であり、実名顔出しを拒む理由はなかった、と言う。このニュースが報道されると、ツイッターやフェイスブックで、さまざまな意見が投稿された。

「1か月の時間外が100時間なんて、どうってことないでしょ。俺の若いころは、それ以上に働いたよ」

中年サラリーマンたちは、バブル華やかなりしころの自分の労働状況と比較して、辛口コメントをつぶやいた。36（サブロク）協定で決められた上限時間以上に働かせるのは違法なのだ。サービス残業で働いて見せて、同化・同調圧力に屈するのは勝手だが、〝24時間働けますか〟と巷に流れていたあのころが異常だったのだ。往時と変わらないパワハラとセクハラの中で、若い女性が犠牲になった。

「東大に入ったら、絶対にいい職業に就ける。自分で稼いで、お母さんにも楽させてあげたい」

そう、まつりは高校時代から言い続けた。東大卒女子を取材しようと思ったのも、まつりの事件がきっかけだった。彼女の先輩で長く広告業界で働いたことのある女性は言った。

「学歴も美しさも兼ね備えた彼女は、いろいろまわりから言われたのでしょう。がんばり屋さんだったからこそ、つらかったと思う。男性からも女性からもやっかみがあったと想像できます」

あれから3年が経とうとしている2018年夏。幸美は、映画「マンマ・ミーア! ヒア・ウィー・ゴー」を観て、ツイッターでこうつぶやいた。

はじまるよ　まつりちゃん
予想どおり号泣でした
前作は自宅で一緒に観ました
その後舞台ミュージカルを観たと言っていました
一緒に観たかったです
まつりのウェディング
まつりの赤ちゃん
ハワイでリゾ婚してお母さんを呼んであげるね
お母さんが私の赤ちゃん育ててね
と言っていました
夢はかなわず

この状況を想像してみる。聡明で優しい自分の娘を、なぜ亡くさなければならなかったのか。「私にも娘がいるのでわかります」と、事件や事故後にこう話す報道関係者は多いが、当事者になってみなければ、子どもを亡くした親の気持ちはわからない。幸美の悲しみは、とても想像できるものではなかった。

## 一卵性親子

仕事を終えて帰ってきた幸美は、まつりの部屋に招き入れてくれた。

「ここが、まつりが高校生まで使っていた部屋です。東京に行ってからも、帰ってきたらここで過ごしていました。今は私がここで寝ています。まつりの遺骨の横で」

東大卒なのだからと思い、勝手に無機質な部屋だと思い描いていたイメージはもろくも崩れた。ピンクが基調、レースがついたベッドが置かれた部屋。プリンセス好きの10代女子が好むようなグッズが所狭しと並んでいた。壁には広島カープの応援グッズもあった。

「私が広島出身なので、まつりとは試合をよく見に行きました。大きな声を出して応援して、楽しかったですね。でも、まつりは強いカープを見てないんです。マツダスタジアムにも東京ドームにも、梵選手《そよぎ》のユニフォーム着ていったんですけどね」

その部屋の一角に祭壇があった。プリンセスの部屋と祭壇。似つかわしくないその組み合わせは、若くして自分よりも先に逝ってしまった娘への悲しみが漂っていた。

まつりは1991年、幸美の故郷、広島県で誕生した。名前の由来は「お祭り」と「茉《まつ》莉花《りか》（ジャスミンの花）」からきているという。

「私は昔も今も、まつりの話ばかりしています。まつりのことばかり考えています。以前、一卵性親子という言葉が流行ったことがありましたが、本当にそんな感じ。一緒に山に登って、旅行に行って、温泉に行って、買い物にいくと私に服を選んでくれて、お化粧もしてくれました。大学時代から東京と静岡で離れて暮らしていたもので、今でもまだ東京にいるのではないかと思います。東京に行くと、ああもういないんだ……と実感します」

まつりもまた、東京の友人に、母親と弟の話をしていた。「まつりの友人に会うと、『まつりはよくお母さんや弟さんの話をしていたよ。仲がよくてうらやましかった』と言われました」。

## 負けず嫌いの女の子

まつりは3歳まで引っこみ思案だった。しかし、通っていた英語教室は大好きで、英語の歌を歌い、お遊戯をして楽しんだ。親子で一緒に図書館に行き、本を選び、読み聞かせをした。小さいころの夢は童話作家になることだった。

保育園に行っていたころは、おませな子にやりこめられていたが、小学校に入ると勉強が始まって、たちまち頭角をあらわした。勉強ができたから立場が逆転したのである。それが自信につながっていった。

小学校では、先生とまつりで授業を進める形だったという。授業のテーマに沿ってまつりが先生に質問し、それに答える。他の生徒は、そのやりとりを聞いていた。

「できる、よい、大変よい」の3段階の成績表は、大変よいのところに◎が並んだ。小学校のマラソン大会では6年間ずっと1位だった。

「私の若いころは、女の子は地元の短大に進学するものという風潮がありました。私は父に懇願して東京の四年制の大学に行かせてもらいました。世界に出ていきたかったからです。だからこそ、まつりにはやりたいことはやらせてあげたいなと思っていました。うちは貧乏だからダメよ、と断念させたくなかったのです」

まつりが小学校高学年になったとき、仲良しでライバルだった男の子が東京の私立中学を受験すると聞いた。するとまつりも「私立を受けたい」という気持ちに傾いていった。

地元中学校は1学年50人。小学校の仲間がそのまま持ち上がりで他校からは入ってこない。のんびりしていた。部活も少ない。運動神経がよかったまつりは、中学校では陸上部や吹奏楽部に入りたかったが、なかった。

「最初は部活をするために私立に行きたいのかと思っていましたが、しだいにもっと知識を得たいし、刺激も受けたいと思ったようです。『お母さん、中学受験ってどうやるの？調べて』そうまつりから言われて、車で40分の隣の市の塾に通い始めました」

途中から入った塾で、いざ勉強を始めるとたちまち成績はトップクラスになった。

「この塾では『授業料免除を希望する人は申し出てください』とのことでした。裕福な家庭の子が多いので、この制度を利用する子がいるのだろうかと疑問だったのですが、授業料をいくらか減額にしてもらいました。田舎ですから、農家の子は家があって土地があって、田んぼがある。このあたりの子はみんなのんびりしているのです。その中でまつりは小さいときから、なぜこんなにがんばるんだろうと親が思うくらい、がんばる子でした。夏休みに広島に帰省したときも、朝から晩まで1日中勉強している。そんな姿を私の母が見て言いました。『そんなに勉強ばっかりしなさんな。休みんさい』。するとまつりは『ほうじゃね』と言いながら、また勉強していました」

まつりには計画があった。志望校は自宅から通えるところで、授業料免除がある中学。入試の成績がよければ特待生で入学できる。どのくらい勉強すればいいのかわからないけれど満点をとればいいのではないかと、とにかく勉強し続けた。

「本当は東京の中学に進学したかったのですが、開成に行く子に『まつりは東京の中学を受けないの?』と聞かれ、『学費や寮費、新幹線通学も高いからね。私は特待生じゃないとだめなんだ』と言ったそうです。息抜きは本を読むこと。広島の祖父母が読み終えた『週刊朝日』や『家庭画報』を送ってくれました。私がトイレに積んでいたら、まつりは小学生のときから読んでいました」

まつりは高校生のころには「『週刊朝日』で働きたい」と言っている。やがて入学金、授業料全額免除の特待生に合格して、中高一貫の加藤学園暁秀中学校に入学した。

## 東大への道「まつりプロジェクト」

中学に入学後、中1の数学の教師は言った。

「去年東大に合格した先輩が同じような成績だったので、きみも東大を目指せるよ」

まつりは「まさか、私が東大なんて」と思った。家庭の経済状況を考慮して、祖父母のいる広島から通える国立広島大学を目指し、卒業後はジャーナリストになることを、将来の目標にしていた。


ところが学校側は「え、もっと上を目指せるでしょ」。「じゃ、一橋大学でも書いておくか」という具合に志望大学をランクアップしていった。高校生になり、苦手な数学を塾で勉強しようと考えていると先生に伝えたところ、学校側が補習でバックアップするから塾に通わなくてもいいと伝えてきた。放課後にすべての教科の補講「まつりプロジェクト」が組まれた。

東大を目指したのは、高校2年で行った河合塾の「東大京大をめざす短期講習」がきっかけだった。さらに高校の先生は、国立大学を受験する学生数人を東大に連れて行ってくれた。東大の大きさや雰囲気に圧倒されて「すごかったよー」と興奮して、まつりは東大へのあこがれを募《つの》らせていった。

「そのうちまつりは、東大に400万円の年収制限の授業料免除制度があることを聞きつけてきました。学校側も合格実績を上げるために東大東大とすすめ、まつりも東大にこだわると言いました。そのときのまつりの夢は無限でした。弁護士、外交官、政治家。東大以外の他大学はすべて法学部を受け、私学8校に合格し、そのうち2校は授業料免除の特待生合格でした。東大だけは文Ⅲ。私は『(合格していた)慶応の法学部に行ってもいいから、文Ⅰに挑戦しないの？』と言ったのですが、東大にこだわり、文Ⅲを受けました。まつりは現役合格にこだわったのです。浪人はお金がかかるからです」

中高6年間、特待生の権利をキープし、高校を卒業し上京した。東大に入学してからは、ラクロス部に所属した。まつりは同期の東大生に対する感想をこう語っている。

「お母さん、東大生はすごいよ。理系の学生は文学や歴史には弱いけれど、理系の知識が豊富で、それを本当にわかりやすく説明してくれる。会話がおもしろい。自分と同じレベルで話ができる」

あこがれの「週刊朝日」編集部でのアルバイト、経済的に恵まれない中学生への学習支援ボランティアなど、東大女子としての大学生活を謳歌した。中学受験の塾に入ったころからまつりは、塾に通う子は、開業医や会社経営者、大手企業で海外に赴任していたなど、比較的裕福な家の子どもたちがいることに気づいた。

「お金持ちの子に負けたくない。ハングリー精神でがんばる」

そう思い、俄然張り切って勉強するようになったのだという。

「まつりは、たまに『お金があったら、私はこんなに勉強しなくていいのに。裕福な家庭だったら、こんなに私はがんばっていない……』と言っていました」

猛勉強の末、東大に入学したまつりは、幸美にとって自慢の娘だった。「これで、まつりはやっと自分がなりたいものになれる」と思っていた。

## なりたい自分になる

東大3年生で文学部哲学科に進み、夢だった海外留学も、費用をかけないでいける方法を探した。文部科学省と中国政府からの奨学金を得て、中国に1年間留学した。当初は「中国語がわからなくて大変だよ」と幸美に泣いて連絡してきたが、バスケットボールチームにも所属し、中国や各国の友人をたくさん作って帰国した。

就活が始まると商社、広告、新聞社など、幅広い分野を視野に入れてOGOB訪問をした。「官僚になった先輩と話していて、省庁もかなり激務でやばい、同じ激務だけれど、電通は給料がいい」。

自分の長所である文章力、コミュニケーション能力の高さを生かしたい。しだいに電通にひかれていった。幸美は、インターネットで電通の評判を調べ、過去に過労死事件が起こっていることを知り、不安を覚えた。それをまつりに告げると「大丈夫、口出ししないで。自分で決める」と、きっぱり言った。

電通の内定研修では「あなたをアピールするキャッチフレーズを考えてください」という課題が出た。まつりが考えたのは――。

「0円東大生」

これまで塾も学校も、すべてお金をかけずにやってきた。自虐ネタのようにも思えるが、こういうことをサラッと言ってのける明るさを持っていた。しかし電通に入ると、いじめという名のハラスメントが待っていた。まつりは死後、メモやメールをたくさん残していた。

「東大、さすが最高学府は違うわ（注・原文ママ）」

「東大生、きもいわ」

東大卒と女性差別と連日の深夜勤務、徹夜勤務、休日出勤で、次第に眠れなくなっていったまつり。これに対し、ツイッターでつぶやいた。

「会社の人が豹変していってつらい」

「キャラもいじられキャラだし、つらい」

「1日20時間とか会社にいるともはや何のために生きてるのか分からなくなって笑けてくるわ」

電通のほかの東大卒女子も、まつりと同じような〝いじられ方〟をされ、体調をくずしていたことを知るのは、もっと後のことだ。組合や先輩に相談しても、その状況を解決する策は示してもらえなかった。パソコンに入っていたメールには、

「電通にすごく入りたくて入った。けれど自分がここまで消耗して、それと引き換えにキャリアを積もうとはもう思わない」

亡くなる日、まつりは幸美にメールを送った。

「さようなら。お母さん、自分を責めないでね。最高のお母さんだから」

幸美はあわてて電話をした。

「死んじゃだめだよ、会社なんて辞めてしまいなさい」

そう言うと、「うん、うん……」と答えていたが、次にかかってきた電話は警察署からだった。「助けてあげられなくて、ごめんね。今は後悔しかありません」。

幸美は、担当弁護士である東大の川人のゼミ生の前で話をした。

「東大を出たら前途洋々、なんでもできるでしょう。自己実現、社会貢献を目標にできることでしょう。東大を卒業したら、この世の中を変える力になってほしいと思います」

今では、過労死防止に向けて、啓発の講演会で積極的に発言している。それをライフワークにしなければならないと考えている。

## できるからこそ、止まれなかった

取材を終えようとしたとき、「まつりさんは東大に入って幸せだったのでしょうか」と幸美に尋ねてみた。ずっと勉強し続けて日本で最高の学歴を手にした。人もうらやむ道を順調に歩いていたのに、その夢はブラック企業で起きたハラスメントによって頓挫《とんざ》してしまった。

幸美自身がいちばん後悔しているはずだろうに、厳しいことを聞いてしまった。ふっと曇った顔になったように感じた。

「あの時点では、東大に行くしかなかったのですが、あんなにがんばっても幸せだったのかなと疑問に思います。『東大に入り、選べる立場にいる。努力した人はずっとがんばり続けなきゃいけなくて、ゴールがないんだよね……』。まつりはそう言っていました」

頭のいいまつりは勉強して東大に入り、なりたい自分になれるように、いつも考えていた。だからこそ、こんな事件が二度と起きてはならない。

幸美の口からは話が次から次へと出てきて、尽きることはなかった。亡くなってしまった娘の人生を少しでも理解してほしいという気持ちだったのだと思う。しかし新幹線の時間もある。帰り際、私はつらい話をしてくれた感謝の気持ちから、思わず幸美をハグしてしまった。

「いつもまつりは、こうやってハグしてくれたんですよ」

# 成績を上げる育て方

## ―「母親の力」はどこまで？―

4人の子ども全員を東大理Ⅲに合格させたことで知られ、著書『受験は母親が9割』がある〝佐藤ママ〟こと佐藤亮子は、本の題名の通り、東大合格への道は、母親が握っているという。

「私は専業主婦でしたので、あれこれやれました」

東大生の母親の36％は専業主婦。やはり母親の力は必要不可欠なのだろうか。働く母親が佐藤ママのように9割も母親の力を注ぐのは、はっきりいって無理である。中学受験なら、朝お弁当を作り塾に持たせるだけで手一杯。中高一貫校に入れてしまえば、大学は自分の力でいってほしいと思っている母親が多いのではないだろうか。

２０１８年６月、文部科学省が17年春に実施した、小６と中３を対象にした全国学力・学習状況調査（全国学力テスト）の分析結果が発表された。保護者に対する調査では、日ごろから本や新聞に親しみ、規則正しい生活を促している家庭の子どもは、親の収入や学歴が高くなくても好成績の傾向があるとしている。

また、次の場合は子どもの学力が高い傾向にあるという。

・学校の出来事、友達のこと、勉強や成績のこと、将来や進路、地域や社会の出来事やニュースなどの会話が多い。
・テレビ、ビデオ、ＤＶＤを見たり、聞いたりする時間などのルールを決めている。
・子どもに最後までやり抜くことの大切さを伝えている。

さらに、保護者のかかわり方と子どもの学力の相関関係にはこんな話もある。「全米最優秀女子高生」に娘を育てたボーク重子は、子どもに〝教えない教育〟をした。子どもの自主性を重んじ、必要以上にかかわらない子育てをしたという。

はたして子どもの学力は「母親」で決まるのか。いや、無関係か。佐藤ママしかり、東大女子への母親の影響を考察してみる。

## 偏差値80超え

東京・杉並区に住むパート主婦、山本泉（仮名）。長男は現役で東大理Ⅱ、長女は一浪して理Ⅲに入学した。長男、長女ともに中高一貫の私立校出身。長女は、医学部進学が多い、女子御三家の桜蔭を卒業した。

「こういう話をすると、自慢にとられるので、本当はあまり言いたくないのです。小学校のママ友にも、東大に入学したことを言っていません」

言葉を選びながらも、さっぱりした物言い。好感がもてた。

山本の長男は、小さいころから集団生活になじめない、親にとっては手のかかる子だったという。このまま公立中学校に入学したら混乱するに違いないと考え、個性を重んじる校風の私立中学を受験することにしたという。小学校入学前から公文式に入れ、中学受験のときは、塾のテキストの読み合わせ、答え合わせ、スケジュール管理まで、すべて山本が手取り足取り教えて合格した。

「長女は、まったく手のかからない子でした。長男は箸の握り方を何度教えてもうまくできなかったのに、長女は2歳になるとひとりで箸を使って食べているという具合でした。長男に手がかかったぶん、長女は放任。公文式にも通わせていないし、特別に何かを教えたということは、ほとんどありません。よく学力の高いお子さんの母親は、本の読み聞かせをやったと言うのですが、私はまったくやりませんでした。娘も本が好きなほうではなかったです」

長女は小さいころから学校の成績がよかった。兄が進学塾に通って私立中学に入学したのを見て、「塾に入りたい」と言い出した。小学校4年生の終わりに受験塾に入ると、最初は下のクラスだったが、2か月ほどで最上位クラスに上がっていた。

ある日、山本が長女の塾を前触れもなく訪ねてみると、長女は、男子と一緒になって、麻布や開成の算数の問題を解いていたという。その嬉々とした顔を見て、びっくりした。

「小学校ではあんな笑顔を見たことがなかったのです。担任の先生からは、『いつも授業のときは私のアシスタントで、みんなに算数を教えてくれています』と聞いていました。それもあって、いい子でいなければならない、という思いがあり、娘はつねに緊張していたのだと思います。塾ではみんな成績がいいので『頭がいい』『よくできる』と評価されなくてすみます。話も合うし、男の子と競い合いながら算数の問題を解くのがうれしかったのでしょう。理系向きかもしれないと、このとき思いました」

しかし不得意な受験科目もあった。国語の偏差値が45程度のこともあったのだ。

桜蔭への受験は長女自らが決めた。文化祭を見に行った長女は、学校の雰囲気を気に入った。特に物理や化学の展示がおもしろいので、すっかり魅せられてしまったという。小学6年生の最後の全国公開模試では、算数の偏差値は80以上。国語は相変わらず伸び悩んだが、社会、理科も得意だったので、難なく名門の受験をクリアした。

入学した桜蔭は、多くの学生が東大を志望校に設定し、1学年230人中毎年60〜70人が東大に合格する。もちろん女子高では全国トップである。

また桜蔭は理系女子、リケジョが多く、全国の大学の医学部進学者数が年間120人(17年度)くらいはいる。

「娘は入学当初から東大を意識していました。入部した部活の先輩たちが東大志望でしたから自然に受ける気になったのでしょう。東大を目指すというのは環境が大きいと思います。娘はけっして天才型ではありません。根性で勉強する努力型。中1で聴き始めたNHKの基礎英語は、1日も欠かさずに聴きました。視覚的に覚える才能もないので、A4の紙に、小さい字でひたすら書いて覚える勉強法です。負けず嫌いだから、私がお尻をたたかなくても勝手に勉強していました」

塾や予備校に行く子が多い中で、中学3年間は塾には通わず、Z会の通信講座で勉強して、100点のことも多かった。

東大女子に聞いてみると、大抵は「母親から勉強しなさいと言われたことはない」と答える。小さいころから成績がいい、成績がいいと先生や親から褒められる、問題が解けるとおもしろくなるのでどんどん勉強する、というサイクルが苦もなく実行できるのである。

ある中学受験の専門家によれば、東大女子は、多少の遺伝はあるかもしれないけれど、けっして地頭がよい子ばかりではないという。学習資産などの環境と、早い時期に成功体験があると学習が好きになるので、受験勉強へもスムーズに移行できる。

## この子の人生には東大が必要

「放任で育った娘です。私は何もしていないので、お母さん方の参考になることはないと思いますよ（笑）。娘が負けず嫌いに育ったのも、よくはわからないのです。でも〝勉強ができる子でいる〟というのは、娘のアイデンティティだったのだと思います」

桜蔭の保護者の多くは、子どもに堅実な人生を送らせたいと考えている。理Ⅰや理Ⅱに進んで物理や化学を専攻しても、ポスドク（＝博士研究員。博士号は取得したものの、任期制の研究職に就いている人）になって就職できないのは困る。それよりは医学部に行き、国家試験に合格して医師になったほうがいいという意向だ。東大理Ⅲは難しいので、浪人させるよりは、他の国公立大学の医学部に進ませたいのである。

長女は、兄も入学した東大に、現役のときは理Ⅲしか受けず、不合格となった。一浪では私立大学の医学部まで受験の範囲を広げ、なりたかった医師を目指した。

2年目に、やっぱり東大の理Ⅲを受けたいと言ってきたとき、山本は「いいよ、思った通りにやってごらん」と伝え、塾の授業料を振りこんだ。

「娘の仲のいい友達は、みんな現役で東大に進みました。本人はとり残された気持ちになったのだと思います。2年目だからといって東大をあきらめて、合格可能性の高い東京医科歯科大にするという選択はありませんでした。この子には東大が必要なんだなと思ったので、好きにさせました」

娘を勉強に専念させるため、医学部の願書は、すべて山本が助言し、面接の練習も行った。「過保護と言われるかもしれない」が、理Ⅲの受験日は緊張していたので会場まで付き添った。受験を手伝ったのは、このときが初めてだった。

「よく、うちの子はやればできるって言いますよね。でも、やらないのではなく、やれないのではないかと思うんです。私自身の大学受験のときも、やればできたかもしれないけれど、やらなかったのでふつうの四年制大学卒です。しかし娘は違いました。ずっとやり続けてきたのです」

## 頭のいい子たちの青春

長女は理Ⅲに入学し、医学部に進んだ。医師国家試験にも合格、現在は研修医として勤めている。東大女子はモテない結婚できないというイメージもあるが、山本は何も心配していなかった。なぜなら東大医学部１００人のうち、85人が男子。東大生がいないところに行けば敬遠されるかもしれないが、東大生が圧倒的に多い世界ならば、チャンスはあるからだ。

東大にこだわることなく、どこの大学出身でも、娘が好きな人だったら、結婚すればいいと思う。桜蔭のママ友に会うと、「桜蔭、東大じゃ、結婚相手がいないかもしれないね」と冗談のように笑う。しかし、口とは裏腹に、誰ひとりとして、そんなことは考えていない。同じバックボーンの、東大男子が必ず見つかると信じているからだ。頭のいい女子に、頭のいい男子。カップルはできる。

「みんな、あの子たちは勉強ばかりしてかわいそうね、と言うんです。でも、あの子たちにはあの子たちなりの青春があります。東大を目指してがんばっていたころ、模試が終わると、予備校仲間で花火をして遊んできていました。渋谷で遊ぶ子には、その世界があるように、勉強する子たちにも、その世界がある。それでいいんじゃないかと思います。ただし、あの子たちの世界は、本当に子ども。やっていることはかわいい遊びでした(笑)」

現在では、その長女にも恋人ができて、いずれは結婚の予定だという。仕事と家庭も両立したいので、比較的時間の融通がきく診療科を希望している。

長女は、恋人と交際当初、山本にこう言ったという。

「やっぱり鉄門（倶楽部、東大医学部同窓会のこと）がいいや。同学で同業者が、一緒にいて楽でいい。研修先の病院には、東大以外の優秀な医師も集まるけど、桜蔭から東大か、とか、いちいちプロフィールから説明しなければいけない相手は面倒くさいの」

医師になった今も努力家だ。英検を受験したときは、1級まで取得した。TOEICは満点に近い成績をとった。次はフランス語検定に挑戦し、成績優秀で表彰されたほど。

「どうしてなんでしょうね。自分でハードルを課して、次から次へとやらなければ気がすまないみたいです。性分なのかしら。東大に入って医師になり、恋人もできた娘を見ていると、本当に幸せそうです。人生は学歴だけではないことはわかっていますが、やっぱり努力した結果だから、やったぶんだけ世界は広がるものだと思っています——」

理Ⅲは努力した誰もが入れるわけではない。もちろん東大に限らず医学部というのは圧倒的に男子が多く、猛勉強し医師になった後も、男並みに働かなければいけない。

東京医科大学の女性、多浪生への差別が起こったとき、東大医学部卒の女性医師（41歳）に取材をした。彼女によれば、四半世紀前の高校時代から、私大の医学部は女子学生の枠が決まっている、男子よりも入りにくい、というのはよく知られた話だったそうだ。

女子が少ないのは、コネや寄付金と同レベルの問題としか思わなかったという。

「そういう業界だと思っていたので、差別のない国公立大学の医学部に進もうと思いました。今こうやって大きな問題になって、やっと差別だったと認識させられました。女性が子どもをもっても働けるような病院の改革をしていかなければ、たとえ東大医学部の女子が増えても、女性医師は増えていかないでしょうね」

頭のいい女子が、本当にその能力を発揮できる世の中にならなければ、女性たちは幸せになれない。「男女雇用機会均等法」が制定された1985年当時と、なんら状況は変わっていないのではないだろうか。

# 単純ではない女子の世界

## ――はてしない欲求――

東大卒女子に話を聞いていると、よく出てくるのは、はてしない欲求だ。ひとつの目標を達成すると、次の目標へと進み、終わりがない。向上心があるのはいいが、走りすぎて疲れないものなのか。

先述の東大法学部を首席で卒業した弁護士、山口真由（35歳）をみていると、そのスーパーキャリアぶりに圧倒される。大学3年で司法試験に合格、4年で国家公務員採用試験に合格。財務省でも超エリートたちがいる主税局に所属し、退官した後は渡米。ハーバード大学ハーバード・ロースクールをオールAで修了。現在は東大大学院法学政治学研究科の博士課程に在籍している。著書『いいエリート、わるいエリート』の中で、次のように書いている。

勉強ができるのは、苦労に苦労を重ねて手にした自分のアイデンティティ。地アタマの良さよりも、苦労して手に入れたもののほうに強い執着がある。

としたうえで、コンプレックスものぞかせる。

自己評価と周囲の評価のギャップに悩んでいる。

自己肯定感が低いわけではないだろうが、山口のように、次から次へと目標を設定してクリアすることをめざす東大女子も多かった。はてしない欲求とコンプレックス。東大女子を襲う、このふたつの正体を知りたくて、精神科医の香山リカ（58歳）を訪ねた。

まずははてしない欲求について聞いてみる。

「女子、特に日本の女子は、生きていくうえで、単純ではないのです。男子の場合は、野球をやっていたら、そこで1番になればいい。勉強ならそこで1番の成績をとればいい。

でも女子は、小学校のときから勉強だけをすればいいというものではなく、かわいい女子でいなきゃいけないとか、他にも考えることがたくさんあります。

生きるのが複雑なのに、そこに母と娘の関係が絡んできて、シンプルに生きられない。

そして恋愛、結婚もある。そういった複雑な心理にふたをしてくれるのが、権力への欲望なのです。勉強ができる女子なら、とにかく勉強に没頭すれば、なんら邪魔されることはないだろうとがんばるのです。それがいつの間にか目標になってしまって、ひとつクリアしたら次へと進んでしまう。自分が向上していくためならいいのですが、他人を蹴落とすための優劣の快感ならば、やはり問題です」

社会には情報が豊富にある。1人か2人の子どもになんとか学歴をつけさせようと情報を得て、小学校のころから過酷な受験勉強の中に身を置かせる。他者との競争の中にいると、〝1番になるためのレース〟から降りられなくなってしまうのである。

## 「すごいね」と認められたい

話を聞いているうちに、香山自身の話になった。

北海道出身の香山は上京して、東京学芸大学附属高校に入り、天文学や地学を研究したかったので、2度、東大理Ⅱを受験している。高校の友人たちも東大を受験するので、あまりよく考えず「自分の実力も知らずに」受けたという。

落ちてみて初めて現実に気づいたというが、それと同時にわかったのは、学歴社会があることだった。

「高校の卒業式のときに、子どもが現役で東大に合格した、あるお母さんが『東大組でお茶しましょうか』と話したのです。楽園のような高校生活だったのに、世間は、東大に受かったか、受からないかで線引きをするんだということでした。合格はすごいとか、そうじゃない人は負け組みたいに思われている。何か、触れたことのない世間の価値観に触れて愕然《がくぜん》としたことをいまだに憶えています。大学や学歴ってあるんだなと思った」

その後、香山は「手に職をつけたほうがいい」という母親のすすめに従って、東京医科大学に進んだ。医師になりたかったわけではないので、18歳のときの大学受験の失敗は、40歳くらいまで引きずった。学歴コンプレックスはないが「あのときもっと勉強しておけばよかった」という思いはあるという。

そもそも学歴とは、学業についての経歴。どういう学校を卒業したかという経歴だ。書籍を見れば、作者のプロフィールには必ず最終学歴が書かれている。この人は変な人ではなく、こうこうこういう人ですと、説得力を増すために大学名は書かれている。

20年以上前にくらべると、学歴は関係ないという声も聞こえる。しかし就活においては、企業が学生の学歴を選別する〝学歴フィルター〟や、最終学歴をよく見せるために、大学卒業後にさらに上位の大学院に進む〝学歴ロンダリング〟という言葉もあるくらいで、学歴の威力は依然として残っているのではないか。

学歴で問題になるのは、大卒か大卒でないかで、収入や昇進の面での分断があること。教育を通じた社会階層の再生産の問題を生じている。学歴がなくてもたくさんできることはあるが、学歴があれば、生き方の幅が広がるという利点がある。

「今や学歴は、将来への手段ではなく、目的化しています。東大に入ることによって達成感があり、自己実現感がそれで満たされる。そのために東大への合格を目指すのです。

もうひとつは、親や周囲からの承認が得たくて東大に行く。『すごいね』と認めてほしいのです。学歴コンプレックス、学歴によって得られる権利みたいなものに対するしがみつきの強い人は、学歴の問題を抱えて心療内科にやってきます。自身の学歴だけではなく、夫や子どもの学歴、特に東大卒の両親の子どもは、東大に入ることを義務づけられているようなところがあるので、思い悩む人は多いのです」

香山はこう続けた。

「東大に入っても、勝ち組と決まるわけではなく、将来安泰みたいなものはない。就職できない人もたくさんいます。東大女子の中には、『本当にこの人、東大生なの？』というくらい精神的に未熟な人もいます。

あふれるほどの知性があれば、うまくその知性化（自我の防衛機制、知的な言葉を用いて説明したり、議論したりすることで強い感情に直面することを避け、衝動を統制すること）で客観的な対処法を考え、乗り越えていけそうなのに、それもできない。今まで1番を目指してきたエネルギーを違う方向に向ければいいのに、それができない人が多いのです。恋愛でもなんでもいいので、自分がやりたいことをやる。1番になることよりも、自分がもっと幸せになることやものに気づいてほしい」

学歴はぶら下げているものでもないので、パッと見ただけでは、東大かどうかはわからない。高校の小さなコミュニティの中では目立っていたのに、東大に入ればまわりは全員東大生。そこでどうやればいいのかで、東大女子というよりも、人としての真価が問われる。

# 2章

# 地方にいる頭のいい女子

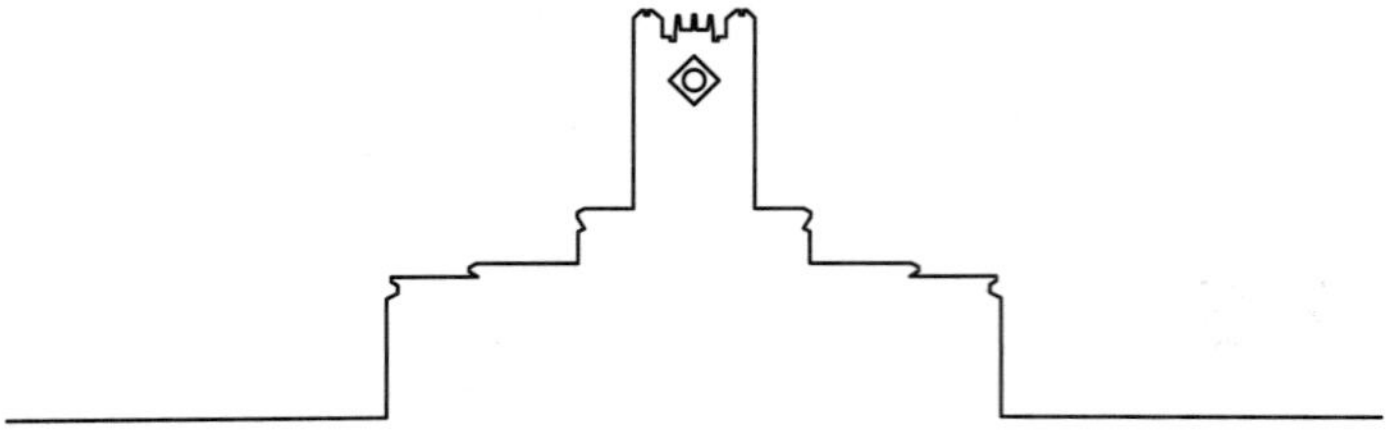

東大合格を目指して、
加熱する首都圏や京阪神の中学受験事情。
東大は、小さなころから
早期教育で鍛え抜かれた子どもたちしか
入れない大学になってしまったのか。
逆境から、それでも東京に出てきた東大女子たちとは。

# 地方との教育格差

## 7割が関東出身

そもそも東大に入るには、どんな選抜方法が行われるのだろうか。

入試を受けるためには、まずセンター試験（一次試験）を受けなければならない。その得点と東大独自の個別学力検査（二次試験）の得点の合計で合否が判定される。

以前は前期、後期日程で試験が実施されていたが、2016年から後期日程が廃止され、推薦入試が導入された。一般入試の前期日程・推薦入試ともに、センター試験で、文類は5教科8科目、または6教科8科目、理類は5教科7科目を必須としている。二次試験においても前期日程で文・理ともに4教科が課せられる。東大入試はとにかく必要な教科、科目が多い。一次試験と二次試験とでは、二次試験の配点が高いが出願者が一定の人数を超えると、センター試験の得点で第1段階選抜が実施される。

東京大学「2016年学生生活実態調査」によれば、入学の動機は「社会的評価が高いから」が50・0%、「入学後に学部の選択が可能だから」が47・8%だった（注・東大は入学後、いきなり専門分野に入るわけではなく、教養課程で広く学んだうえで、興味を持った科目のある学部に入る、進学振り分け制度がある）。

家庭の状況については、家庭の所在地は、67・8%が関東。そのうち東京都は31・4%。東京都以外の関東が36・4%で、東京・関東合計の割合は過去最高となった。家計支持者は父で、93・5%。家計支持者の年収額の分布は、950万円以上1550万円未満の層が増加している。母親の36%が無職だという。出身校別にみると、中高一貫の私立高53・5%と最大になっている。

## 地方との教育格差

高校時代まで北海道の釧路市で過ごし、浪人して東大の文Ⅲに入り、文学部に進学。その後5年間の大学院生活を経て、現在ニューヨーク州立大学の博士課程に籍を置いている、大学研究者の阿部幸大（31歳）は、「現代ビジネス」にこう寄稿した。

私が主張したいのは（中略）地方には、都市生活者には想像できないであろう、別の大きな障害があるということである。田舎では貧富にかかわらず、人びとは教育や文化に触れることはできない。たとえば、書店には本も揃っていないし、大学や美術館も近くにない。田舎者は「金がないから諦める」のではなく、教育や文化に金を使うという発想そのものが不在なのだ。

さらにこう述べている。

私の育った釧路市のような田舎に住む子供の多くは、おかしな話に聞こえるかもしれないが、まず「大学」というものを教育機関として認識することからして難しい。言い換えれば、大学を「高校の次に進む学校」として捉える機会がないのだ。

その「文化」についてはこう規定する。

おそらく、いまあなたが思い浮かべている次元の話ではない。たとえば、私が想定しているのは、わからないことがあればひとまず「ググる」という知恵があり、余暇の過ごし方として読書や映画鑑賞などの選択肢を持ち、中卒や高卒よりも大卒という学歴を普通だと感じる、そういったレベルの話である。

## 大学生を知らない子どもたち

確かにそうだった。

3・11東日本大震災の後、関東の大学生たちが東北の子どもたちと首都圏の大学生たちが触れ合う『僕らの夏休みproject』の取材で、岩手県宮古のお年寄りたちに大学生たちの取り組みについて聞いたとき、80歳近い自治会の男性が話した。

「もちろん、震災後、傷ついた子どもたちの気持ちを和らげてくれるというのはありがたい。でも、もっとすごいなと思うのは、遊んでくれる人が大学生だったこと。この町で育った子は、大学生を知らない。高校卒業するとすぐに働きに出ていき、大学に進んだ者は、盛岡や県外、関東に出ていくから、大学生はこの街にはいないんだ。

だから大学生と遊んで、大学というところがあって、いつかそこに行きたいなあと思ってくれる子どもたちが育つこと。それが、交流のいちばんいいところじゃないかなあ」

大学を知らない子どもがいる現実。

都市生活者にはわからない文化的な資産がないという格差。関東圏の東大生が過去最高の67・8%になったという、この数字に格差が顕著に表れているのではないだろうか。

# 東大は遠い存在

## 頭がかたい東大女子

灘中学、高校を経て東大理Ⅲに入学、医学部を卒業して精神科医、作家、映画監督、受験アドバイザーとして幅広く活躍する和田秀樹（58歳）。和田が東大理Ⅲに入学した当時、女子は0人で理科Ⅱ類から進級した人がいたので、医学部の同級生は3人だけだったという。そして和田のふたりの娘たちもまた東大に入学を果たしている。東大法科大学院を経て弁護士、東大農学部を卒業後、他大医学部に入学して在学中。東大一家である。

現役の東大女子や東大卒の女子に話を聞いていると、親や祖父、親せきに東大卒が多いというところに行きつく。

「それはある意味当たり前なんですよ。家にいるだらしない父親が東大卒なら、『私だって東大に入れるかもしれない』と考える。家族や親せきに東大卒がいない人よりも、東大に対してハードルが低いんです」

もちろん家族でなくても、東大は最高の大学、おもしろいところだ、とアピールしてくれる人が近くにいれば、聞いたほうは心が動く。その影響を受けたある女性（25歳）は、私立御三家の女子校から東大に入学した。

「東大を目指すつもりなんてなかったんです。ただ、1つ上の先輩が東大に入ったのです。部活で一緒にふざけていた先輩でした。彼女が母校訪問してきて会ってみると、すごく輝いていて素敵でした。こういっては何ですが、彼女が入れるなら私も入れるだろうと勘違いして（笑）。俄然やる気が出てきて猛勉強したら、たまたま入ってしまったのです」

東大合格者を大量に出す高校では、こういう現象がしばしば起きる。毎年、合格者1位の開成高校でも先輩の影響力は大きい。それは女子とて同じだ。

さて、前出の和田は、現在、多数の東大女子が首都圏出身ということについて、どのように分析しているのだろうか。

「地方の公立高校に通っている女子は、東大に入りにくいと思います。高校は受験に関係ない教科書どおりの独自の勉強をさせる。まじめに教師のいいなりになって勉強していたら、通知表はいいかもしれないけれど、首都圏や京阪神の中高一貫校に通い、塾や予備校に通っている人たちには到底かなわない現実があるのです」

## ――東大女子にある2つのパターン――

和田によると、東大に合格する子には、2パターンあるという。

1つは、先生の言うことを聞いてまじめに勉強し、たまたま学力がついて合格した子。そしてもう1つは、いろいろな情報を集めて、入試問題を自ら分析して自分の勉強法を編み出した子だそうだ。

「受験勉強に必要な力とは、目の前にある問題を考える力ではなく、入試問題を分析して、どうすれば今の学力から合格者の最低点まで到達できるかを考える力です。本番までの限られた時間と今ある能力で、どう合格するかを考える力と言ってもいいでしょう。東大は科目数も多いし、問題もそこそこ難しいので、そういう力が必要になる。

東大女子は、圧倒的にまじめ系の前者パターンの人が多い。高校や予備校の先生の言うことを聞いて合格する学校秀才型の子です。他方、後者は男子で5割くらい、女子で1割程度だと推測できます。前者は秀才だけれど、言われたとおり習ったことしかできない、頭がかたい子もいる。後者のほうは、現状を分析し、考える力で解決していくので、社会に出たときに有能な人材となる。このように勉強法を工夫するタイプの子は、司法試験にも通りやすい。もちろん一般企業でも通用します。頭がよくても考え方が柔軟ではない東大女子が、社会に出て不利な状況下に置かれる理由のひとつでもあるといえるのではないでしょうか」

## 東大が人生のピークになる人

そもそも地方の受験生にとって、東大は遠い存在だ。わざわざ東京まで出ていかなくても地方にもたくさん大学はある。頭のいい子ならば、地方にある国立大医学部に進む傾向が近年、強くなっている。家庭を離れてひとり暮らしともなれば仕送りなど、親の負担も大きい。何がなんでも東大でなくてよいと考える受験生は多い。

東大は、２０１６年から、女子学生の家賃補助月額3万円を支給し、地方の女子を集めようとしている。そのほかにも、高校生向けプロモーションビデオ「素顔の東大生」を製作し、ガリ勉でも、お高くもない「かわいい新東大女子」像をアピールしている。

地方学生が集まらない理由について、前出の和田は「世襲制の弊害による上昇志向の低下」をあげる。

「昔は一生懸命勉強したら、東大に入って官僚になって、総理大臣も夢じゃなかった。たとえば山口県なら、東大出身の岸信介や佐藤栄作を輩出した県立山口高校がありました。しかし、今や同校の東大への合格者は激減しています。それは故郷にロールモデルがなくなったからだと思います。中曽根康弘、福田赳夫ら首相を出した群馬県でも同じ現象は起きています。東大を出ている人より、世襲の人のほうがえらいという文化になっているのでしょう。

東大出でなくても、世襲政治家が自然と活躍できる仕組みができてしまった。どうせ東大出ても、佐川さん（元国税庁長官・佐川宣寿）みたいになってもね、という風潮がある。

昔東大に入った人は、いろいろな立場に置かれている人を見てきているので、自分が入学できたのは、運がよかった、と思えた。しかし今の東大生は、すでに中学時代に勉強する子としない子にわかれるから、そこに分断がある。自分たちは努力してきたので東大に入れたけれど、入れなかった人や高卒の人は努力しないからダメだと考えるのです。この国は、努力しない人に冷たい国になってしまった。

上昇志向のなさは、女子に顕著です。職場で女性管理職を増やそうとしても、責任ある立場になりたくないという女性が相変わらず多いです。今は、わざわざ東京に出て東大に行かなくてもいいと、地方にいる頭のいい女子は考えてしまうのです」

結局、東大には都会にいる富裕層の子女が集まるようになる。一生懸命がんばった子も、がんばらなかった子も共生できる社会に変えられるのは、教育であるはずだ。地方の教育改革をしていかなければ、東大の多様性化、女子の入学希望者は増えていかない。

「女子学院は自由な校風があります。桜陰は負けん気の強い、上昇志向の女子が多い。地方の上昇志向のなさを見ていると、しばらくは首都圏中心の状態が続くのかもしれない。

学歴というのは、僕は道具だと思っています。東大に行く意味は、箔をつけるということ。頭をよく見せるためには、非常にいい道具なんです。しかし東大は出たけれど、ロースクールは出たけれど、就職もできない、弁護士として雇ってもらえない人もいる。東大卒だけでは生きていけません。結局、学歴で頭のよさが決まるのではなく、その後、いかに勉強し続けるかで将来が決まると思います」

# 現役東大女子の声

東大には、東大女子が作る、東大女子のためのフリーペーパー「biscUiT（ビスケット）」がある。2011年創刊。東大女子というだけでレッテルを貼られがちだが、ふつうの女子大生と変わらないということを、東大女子へのアンケートや、東大OGへのインタビューなどで伝えていくというコンセプトで編集している。部員は約20人。4月・10月に3000部を発行している。

東大女子の素の話を聞こうと、渋谷から電車で3分の駒場キャンパスに出かけた。集まってくれたのは、編集長のA（21歳＝東京都出身、教育学部）、部員のM（20歳＝福岡県出身、法学部）とO（20歳、＝岡山県出身、教養学部〈前期課程〉）の3人だ。インタビューするにあたって、あらかじめ、東大の職員から東大女子の類型的な印象を聞いておいた。

「偏差値も高いので、やはり頭がいいのか、こちらが思っていること、想像していることを先回りして答えてくれます。サービス精神旺盛というのか、思った通りの答えをしてくれるので、意外性がないとも言えますね。自分に自信を持っている女子が多いですね」

実際はどうなのだろうか。3人は、校了間近の忙しいときだというが、快く応じてくれた。同年代の他女子大生にくらべたら、落ち着いた佇まいがある。

## ・東大を目指したきっかけは？

M「父から、法曹界を目指すなら、裁判官が向いてる、と言われたことがきっかけで、裁判官の出身大学を調べたんです。そうしたら圧倒的に東大が多くて、裁判官を目指すなら、東大じゃなければ始まらないなと思いました。高校3年生の秋からは、家庭教師を付けて勉強しましたが、それまでは独学。ゲームばかりしてました」

O「高1のテストのときにクラスで1番で、東大を目指してみないか、と担任に言われたことがきっかけでした。父と兄、いとこが東大で、じゃ目指してみようかと。公立高校で毎年10人程度は東大に入っているので、ハードルは低かったです。東大は就職もいいし。独学で勉強しましたが、浪人中は、Z会の通信教育をしてました」

A「本郷キャンパスが家から近くて、身近な存在でした。中高一貫の女子私立校で、弟、妹も私立だったので、学費の安い国立大学がいいと思い、高校1年のときに東大を目指しました。フランスにいたので、英語も含めて語学はできました。受験はフランス語で受けました。高校生のころから予備校には通っていました」

### ・東大女子の素顔は？

M「ふつうですよ、みんな。もちろん派手な子もいれば地味な子もいるし、まじめな子もいれば、不まじめな子もいる」

A「東大女子東大女子って騒ぎすぎじゃない。東大というだけでメディアも番組作っちゃうほどだけど、ステレオタイプみたいなところがある」

O「首都圏の子は、お金持ちが多い。3日授業がなかったら、ソウルに行きます、っていう子もいる。1回で5万円くらいかかるから、ふつうの子はそんな旅行を何回もできないです。話を聞いてみると、お父さんが社長の子とかもいるしね」

### ・女性と学歴は？

A「学歴は必要だと思います。結婚してもしなくても、人には軸になるものが必要です。

その軸になるのが学歴だと思うんです。私は男女平等に対して、非常に関心があるんですが、女子もまた学歴はなければいけない。学歴高くて損になるということはないので、つけておいたほうがいいと思います」

M「私の場合は、裁判官になろうとしたら東大の学歴はマストです。学歴はがんばった証なので、あってなんぼ、です」

O「女性として生きていく、専業主婦になるのなら、学歴、東大卒はいらないな、と思ったことはあります。がんばった証拠だと思うので、あったらいいかな、程度です」

### ・東大女子と恋愛

O「この間、中学校の集まりがあって、中学時代に付き合っていた子と再会したんです。LINEのアカウントを交換して交流が始まったんですが——。『東大なの？　すごいね』という返事を最後にブロックされてしまって。男の子は勉強できる女の子は嫌いなようですね。私は全然、他大学でも問題ないのに、むこうがいやみたいです。学歴がなくても学ぶことのある人がいいですね。でもそういう人って、大抵学歴があるんですよね」

A「東大生の彼氏はいます。価値観が合うというか、ふつうに交際しています。将来のことを話すこともありますが、私は修士まで行きたいし、その後はアメリカに留学もしたいし。もちろん結婚して子どもも産みたいので、どうなるかはわかりません。夫や子どもがいても、軸になるものがほしいので、学業優先になるのかもしれません」

M「彼氏はいません。個人的には結婚を重視していないので、あまり恋愛について考えはしませんね。今はゲームをするほうが楽しいので……」

### ・将来は？

O「私、夏目漱石が好きなので、小説家になりたいなと思っているんですが。一歩引いて客観的に人のことを見られる人になりたいと考えています。だめなら本が好きなので出版関係。毎日、楽しいと思いながら仕事がしたい」

A「臨床心理士です。ずっとバレエをやってきたので、ダンスと心理学の融合みたいな研究ができたらと思っています。修士にいったり、先は長くて大変です。30歳くらいまでに、なんとか形ができていたらいいのですが」

M「まずは司法試験に受からなければ。4年で予備試験に受かるかどうか、1年留年するか、ロースクールに行くか。30歳くらいで裁判官になれているといいのですが」

# 東大＆MIT

## 東大卒でなければ今の私はない

大手商社からロンドンの子会社に出向してファイナンスのヘッドを務めている高城優（37歳・仮名）が質問にメールで返答してくれた。

「私は今、外国人60人、日本人2人のファイナンスヘッドを務めていますが、東大卒の学歴がなければ、今の私はなかったと思います。学歴は自分を新たな世界にアクセスさせてくれる手段のひとつです」

彼女が現在の地位の礎を築く東大を考えたのは、県立高校3年生のときだった。

「なんとなく、外交官になりたいという思いはあったので、東大法学部を考えていました。それを後押ししてくれたのが高校の担任でした」

授業の予習復習をしっかりやり、教科書を読む学習と、Z会（前・増進会）の課題を解くという、ひたすらシンプルな学習法だった。

塾や予備校が近くにない地方から、東大を志望する受験生にとって、Z会はマストなのだろうか。2018年のZ会の通信教育受講者の中での東大合格者数は1029人。駿台予備校、河合塾、東進、鉄緑会、そしてZ会は東大合格者の5位。高城もまた「難しくて続けられない」と評判の、Z会の難問を何度も解いた。

「ただし、特にガリ勉だったわけではなかったのです。進学校だったので宿題は多かったのですが、非常に楽しくふつうの高校生活でした。部活も高3の夏までやっていたし、文化祭でも衣装を手作りで準備して楽しかったのを憶えています」

東大に対してもともと強い印象を持たないで、高城は入学したので、特に強いギャップを感じることはなかった。

「個性的で機知に富んだ人が多いという印象です。自分の頭とは次元が違う天才もいました。学生生活はとにかく楽しくて、男女問わず、仲良かったですね。東大にいる間は、東大女子のメリットもデメリットも感じませんでした」

東大法学部は弁護士や官僚へと進む人が多いが、高城は商社を目指した。同期入社で東大女子はただひとり。強豪の競争相手が少なかったのも功を奏したと、高城は分析する。

「商社を受ける女子は、私大出身で帰国子女が多かったので、私は異色だったと思います。東大女子で民間企業に就職する人は、そう多くなかったので東大女子同士の競争相手は多くなかったと思います。私は、地方出身、東大卒、根性、ガテン系を強みにして面接に臨み、そういう意味でおもしろいと思ってくれたのかもしれません」

東大内ではなんら不都合も感じなかった東大卒の大半は、社会人になってから、弊害を感じるようになったと口をそろえる。

「東大卒は、なんだか頭がよさそうという第一印象を与えられるのでしょうか。東大だからと憶えてもらえるのには、役立ったと思いますが、一方で、社内では同期の男子や取引先企業の人から、『近づきがたい』と言われることもありました」

社会人になってから、高城はMIT（アメリカ・マサチューセッツ工科大学）でMBA（経営学修士）を取得している。MITは、イギリスの教育専門誌「タイムズ・ハイヤー・エデュケーション」が毎年発表している『世界大学ランキング』（2019年版）でオックスフォード大学、ケンブリッジ大学（いずれもイギリス）、スタンフォード大学（アメリカ）に次いで4位にランクインされている。ちなみに東大は、世界でみると42位。4年前にはアジアのトップだったが、近年は中国やシンガポールの大学に抜かれている。

「東大だけでもいろいろ言われたのに、MITも加わると、よけいに拍車がかかって、根拠もないのに〝頭でっかち〟〝エリート〟と言われる機会が増えました。根拠があって、言われるのだったら納得しますが、そういう人は、大学名の印象だけで言ってくるので気分はよくなかったです」

東大とMIT、日米両国の最高の大学を出ている高城は、最強の学歴の持ち主であるといえよう。それがなぜ、揶揄《やゆ》されなければならなかったのか。

## 「国公立四大卒」のほうがモテる

さて、高城のキャリアは、婚活の場では、どのように作用したのだろうか。

「合コンで東大卒ですと言うと一発で引かれるので、自ら言ったことはありません。やはり東大以外の男性にとっては、東大女子は気が強く、男勝りで言い負かされそうという印象が強いのだと思います。『東大&MIT卒』と明かすよりも『国公立四大卒』としたほうが、会いたいと言ってきた男性の数が多かった。『東大&MIT卒』の重さみたいなものを感じるとともに、それで判断し、怖気づくこの国の男性は、どうなんだろうと思って。東大なんて世界レベルでみたら大したことないのに……」

それでは、女子が勉強するメリットはどういうことだと考えているのだろう。

「この不確実性に満ちている世界において、自分の足で立って生きていけるように、女性も働くべきだと思っています。将来の仕事への選択肢が増えるという点、比較的なりたいものになれるという意味では、やはり勉強は夢に導いてくれるひとつの手段です。婚活においては、東大卒のデメリットはあると思うものの、世の中には東大男子もいるし、まれに東大卒を気にしない人もいます。また外国人もいるので、デメリットよりもメリットのほうが勝ると思っています。いわゆる学歴がないと言われる人でも社会で役に立っている人はたくさんいますよね。現に私の兄は高卒ですが、地元で事業を起こして、社会のために働いています。学歴がすべてだとは思いません。もっと多様性を認めるべきです」

「東大女子」とカギカッコつきで語られること自体、彼女たちの生きづらさを表しているが、婚活の世界ではなぜ努力してきた女子が、こんな不利益を被らなければならないのだろうか、とつくづく思ってしまう。

# 東大を諦められない

## 50歳で東大生になる

世界遺産に登録された国宝姫路城。兵庫県の西部に位置する姫路には、ふつうの主婦から東大生になった、学習塾・安政ゼミナールを主宰する安政真弓（56歳）がいた。塾の開講日には、教室になるという自宅のリビング。ふたりの息子が成長した今、猫を愛し、陶芸で作品を生み出し、映画に宝塚歌劇にと出かけて、悠々自適な生活を送っている。

安政にとって、東大に入る意義とは何だったのだろうか。

「東大は私にとって、いつもかっこいい存在でした。だから野球少年が甲子園を目指すように、私も東大を目指した。それだけのことです。今、自分の経歴に、早稲田大学卒、東京大学卒と書けるのがとてもうれしい」

主宰する塾は、高校合格を目指す姫路市内の公立中学生が対象だ。学校の授業進度にぴったり合わせて丁寧に指導する、少人数制の家庭教師のような塾。そうホームページにはうたっている。東大卒業から姫路に戻って、２０１８年春から塾を再開した。

安政が卒業した姫路西高校は地元の名門だ。

倫理学者で東大教授を務めた和辻哲郎、落語家の桂米朝、ファッションデザイナーの高田賢三ら、そうそうたる卒業生がおり、50歳で東大に入学した安政もまた、メディアの高校紹介記事の中に名を連ねるようになった。

「思えば私のこれまでの人生は、姫路西高校に入ったことから始まったのかもしれません。今回、東大合格したときに、地元新聞などで30年越しの夢をかなえたように書かれましたが、ずっとそう思っていたわけではないのです。たまたま次男が東大を受けるというので、当時の、東大に入りたいと思っていた気持ちがよみがえってきて、猛勉強し、念願かなって合格できたと思っています」

東大合格は、安政にとって〝悲願〟だったのではないのか。現役のときは、京大と早稲田大学を受けて不合格になった。浪人するからには「最難関の東大に入りたい」と翌年は東大一本で臨むが不合格に。そして二浪目でも東大に落ち、早稲田大学第一文学部に進んでいる。

実は東大は、安政家にとって憧れの大学。通信教育で資格を得て高校教師になった父親も、かつて東大にチャレンジしたことがある。家には歴代の東大総長の著作集まであったという。さらには、いとこも受験したが不合格。東大は一族の、いわば宿敵のような存在で、誰かが合格することでリベンジを果たせる。

自宅で塾をしながらふたりの息子を育てていた専業主婦が東大生に。自宅での独習でつかんだ東大への切符。

安政の東大への道は紆余曲折を経て、やっとたどり着いたゴールだった。

## ――幼稚園生の息子に「方程式」――

早大卒業後に姫路に戻った安政は、2年後に結婚している。お見合いで結婚することに決めていた。14回目のお見合いで出会ったのが、現在の夫だ。

「夫は一緒にいて安心できる存在です。夫婦別姓にも理解を示してくれました。入籍してからは、旧姓の安政で暮らしていました。17年後、パスポートを取得するときに、戸籍名も安政でいたいと思い、夫婦で話し合った上で、ペーパー離婚しました」

「自分の手で子どもを育てたい」という意向もあって、子どもが小さい間は、仕事はしなかった。子育てに力を注ぐ結果、気がつくと、幼稚園の息子に方程式を解かせるほどの教育ママになっていたという。自分でも「やりすぎだったと思う」と省みる。子育てに心血を注いだこの期間は、自分の勉強とはまったく無縁だったという。

次男が幼稚園に入ったころ、ママ友との付き合いで忙しくなった。最初は食事に行っておしゃべりする、ごくふつうのママ友との楽しい毎日を過ごしていた。しかしそのうち、あるひとりが、何かにつけ安政に指図するようになっていった。

「私は彼女に支配されるのが怖くて、彼女の要求に応える自分がいやで、なんて私は価値のない人間なのだろうか、と思い悩みました。あまりに苦しくて、何とかしないといけないと心療内科にも通い、カウンセリングも受け、薬も飲みました。しかし医師やカウンセラーから告げられたのは、母親との関係が問題だということでした。

『ママ友との問題の根底には、あなたと実母の問題がある。一度、お母様と一緒にカウンセリングに来てください』そう言われて母に告げると案の定、『何言ってるの。医者は頭がおかしい。自分のことなんだから自分で解決しなさい。お母さんは関係ない』と取り合ってはくれませんでした」

何か気に入らないことがあると、すぐに電話をして呼び出す母。そのころ安政は、電話が鳴るたびにおびえていたという。

## 母と娘の共依存関係

安政は、苦しみもがく中で〝共依存〟という言葉に出会った。共依存とは、面倒をみている相手に必要とされることが、自分への評価だと感じ、自己犠牲して相手に尽くす、あるいは他者のことをコントロールするような人間関係のことだ。互いに依存することで安心を得るが、それでは双方ともに正常な判断ができなくなる。

共依存の本を読んで、安政は「私と母は共依存だった」と腑《ふ》に落ちた。自分が元気を取り戻すには、母も一緒に治療するのが最善だと思われた。

思いかえせば母は、いつも厳しかった。母親本人は、コントロールして育てたとは思ってはいないだろうが、安政は母が決めた枠からはみ出さないようにしていた自覚があったという。

「さいわい私は勉強ができたので、成績がよければ母親は怒らない。地元の公立中学校から姫路西高へ進学しました。姫路では、東大よりも姫路西高に入るほうが重要でした。姫路西高に入る能力がなかったら、また違った人生だったかもしれません」

さらに姫路西高に入ったら、その次は「東大に進学しなさい」という周囲の期待でいっぱいだった。特に母親は「女の子もやりたいことができる時代になった」と難関大学進学へのプレッシャーをかけてきた。一浪目、二浪目と東大に落ちたとき、「来年も受けてみたら」と言ったのは母だった。

「模擬試験の成績でA判定が出ているものの、いざ試験本番になると実力が発揮できない。結局は母を喜ばすための東大受験だったのです。失敗したら母がどう思うだろうと考えると、恐怖ですくんでしまいました。確固たるモチベーションもなかったんで、あのまま三浪して東大受験しても、実力は出せなかったと思います」

ママ友とのいざこざが原因で、心療内科のカウンセリングに通い、共依存が原因だと言ってもとりあってくれない母。これはもう自分で何とかしなければいけないと思った。

「共依存は、子どもへ連鎖するかもしれないと言われています。私が子どもに方程式を解かせたのも、ひょっとしたら『孫が東大に入ったら、母が喜ぶかもしれない』という気持ちがあったのかもしれない。子どもに連鎖させないためにも、なんとかして自分が生まれ変わりたい――」

さて、自分に自信をなくし、自己肯定感が低くなっていた安政が求めたのは、やればやっただけ成果が見える、勉強だった。以前、チャレンジしたフランス語検定2級の試験を受けてみようと決意した。ママ友や母親との人間関係のトラブルと、フランス語の試験は、なんらリンクするものではないが、何かを始めなければ自信も回復しない。集中して学習すること2か月。合格を果たした。

## 息子は落ち、母は東大へ

その後も、目標を設定し勉強して、次々と達成していった。語学が好きだった安政はイタリア語、ドイツ語と挑戦して、試験をクリア。自信が戻ってきたこともあり、次男の中学入学と同時に、自宅で塾を開く。自分の好きな語学を学びながら、近所の中学生たちに勉強を教えて、毎年どこかの外国に旅をする。そんな人生に満足していた。

ところが次男が東大を受験し失敗すると、考えは一変した。

「まただめだったか……」

「息子は初めて東大受験したので〝また〟ではないのに、なぜかそう思ってしまいました。これは私の問題。一度は東大を諦めたつもりなのに、諦めきれずに置き忘れてきたものを引きずっている。だから残念だった思いを、自分でなんとかするべきだと気づいたのです」

「浪人を決めた次男の予備校の保護者会に行くと、東大を受けてみたいという気持ちが高まりました。念のため、予備校の担任に相談すると、一緒に受験するのは、息子さんにとってもプラスになるはずです、と。こういった言葉に励まされて、49歳のとき東大受験を決意したんです」

東大受験は、夫や息子たち、親友以外には口外しなかった。母親にはひとことも言わなかった。また、何か思い悩まされるようなことを言われるのがいやだったのだ。

学生時代は暗記が得意だった安政だが、さすがに年齢的に記憶力は落ちてきていた。しかし何度も繰り返す勉強法で克服する。センター試験は英語で、二次試験はフランス語で受験して、勉強開始して8か月後、50歳のときに東大文Ⅲに合格する。

「受験生であると同時に受験生の母でもあり、複雑でした。残念ですが、息子は東大に落ちて早大に入学しました。それでも、お互いに全力を出し切ったので息子も祝福してくれました。そして母親には合格してから伝えました。喜んでくれたので、私もほっとしました。もうこれで母親との関係も落ち着いたと思っていたんですが――」

月額1万円余の東大の寮で暮らし、授業では毎回、最前列に座った。念願だった自著『普通の主婦だった私が50歳で東大に合格した夢をかなえる勉強法』を出版し、ひとつの目標をクリアし、教養学部教養学科に進んだ。

3年生のときには、フランスのストラスブール大学に交換留学生として留学している。留学中の授業料は全額免除、返済不要の奨学金で生活した。若い同級生が一目置く53歳のスーパー東大生生活を謳歌する。「本当に私はヨーロッパにいるの！」と夢のような毎日だった。

「東大に入学して母親との葛藤はなくなったと思っていたら、突然パニック障害になるようなときがあり、薬は手放せず、フランスにも持っていきました。実はフランス留学前に、共依存について母親と話し合おうと姫路に帰ったことがあります。留学中に、どちらかが死ぬかもしれないと思ったので、その前に問題を解決しておかなければいけないと思ったのです。これまで自分はどれだけつらかったのかを話そうとすると、すぐに母は顔色を変えて怒鳴りちらし、まるで聞こうとしませんでした。それでもこのときは、母の反応にひるむことなく、長年言いたかったことを、ともかく口に出して伝えました。母の耳にはまったく入らなかったでしょうが（笑）」

## いくつでも、始めるのに遅すぎることはない

50歳で東大に入学したことで「いくつになっても、始めるのに遅すぎることはない」ということを広くインフォメーションできたことはよかった、と安政は言う。

「私自身、東大に入ったからと言って、人間としての価値が変わるようなことはないです。東大生は、最高峰の大学に入ったという自負が、多かれ少なかれあると思います。それはやはり合格したことで、満足感や自信が得られるからです。しかし学歴は、人生であまり関係ないと思います。両親は学歴を気にする人たちでしたが、学歴がなくても社会で活躍している人はたくさんいます」

自身の子育てと塾で学んでいる生徒を見ていて思うことがある。それは、子どもたちに

無理強いをしてはいけないということ。

「勉強をがんばって、成績が上がったら誰しもうれしいと思うんです。でも能力を見極めて押し付けないことが大事なんです。ここまでしか上がらない能力を、それ以上にはできない。親御さんはお子さんのありのままを認めてあげてほしいんです。

かつて私を認めてくれない母にずいぶん悩みました。でも能力もない価値もないと思っていたどん底の私を、家族も友人も認めてくれました。ありのままの自分を受け入れられること、自己肯定感を持てること、それこそが重要だと思うのです」

女性が勉強する意味について、ほぼ全員に質問したが、安政にはあえて聞かなかった。それは、安政自身が勉強することで自己を保ち、自信を持つことができるということを体現しているからだ。

男性だって女性だって、勉強することで得られる何かがある。勉強の大切さとおもしろさ。できれば早い時期に知っておいたほうがいいかもしれない、と思った。

しかし、多くの人が勉強の必要性を痛感するのは、大学を卒業し、何年もたった中年以降なのである。

# 3章

# 1974年生まれの異才たち

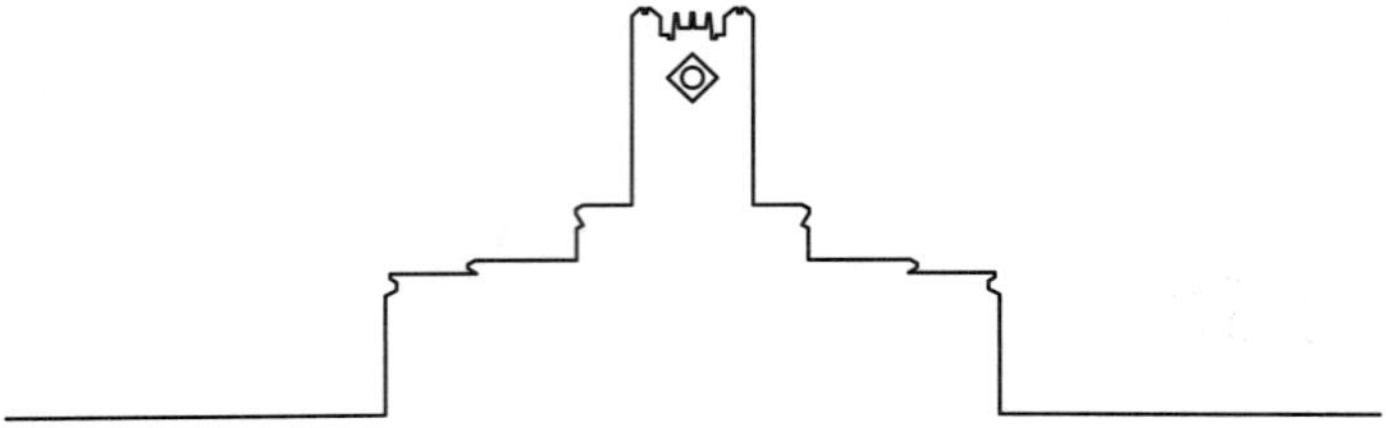

なぜか１９７４年生まれの東大法学部卒の女性たちは、
個性派ぞろいだ。山尾志桜里、豊田真由子……。
佐藤栄作元首相にノーベル平和賞授与が決定し、
ジャーナリストの立花隆が「文藝春秋」誌上で、
「田中角栄研究」を発表した年。
彼女たちは今、世の中をどうとらえているか。

# 生活保護を受給してます

## 桜蔭の問題児

「田中さんは、桜蔭の中ですごく目立っていました。彼女が歩くと、『あ、テレビに出た人だ』ってみんながこそこそ話す。有名人でしたよ」

桜蔭高校の後輩が、26年前の田中絵里緒（44歳）のことを憶えていた。

切れ味の鋭いナイフを心の中に隠しているような女性――。そんな印象を持っていたのだが、福岡の老舗高級ホテルに、約束の時間に少し遅れて現れた田中は、フェミニンなワンピースを着ていて、かわいらしい感じの人だった。大きな袋の中から取り出したのは桜蔭の卒業アルバムだった。

「これが私、これが豊田（真由子、元衆議院議員）さん」

写真を指差しながら、教えてくれた。

天下の桜蔭である。頭がよく、まじめそうな女子の顔が並ぶ。教師も圧倒的に女性が多いと驚く。「勤勉・温雅・聡明であれ　責任を重んじ、礼儀を厚くし、よき社会人であれ」という校訓が、厳格な女子高を思わせる。

「桜蔭時代は、外れもの。反抗し、事件も起こしました。高3のときに『天才・たけしの元気が出るテレビ!!』の〝勉強して東大に入ろうね会〟に出たんです。しかも東大に受かったら、バニーガール姿で、東大の校門前で歌って踊りますって言いました(笑)。

親も呼び出されて、母には『どうしてこんなことするの！』と怒られました。親も教師も上から目線でものを言い、大人なんか古臭いわ、と反抗心がつねにありました」

中学校でエロ本を学校に持っていって怒られる。校則違反のパーマをかける。色つきの髪飾りをして登校する。修学旅行に行った京都で無断外出をして、現地で出会った男性とデートする。とにかく問題児だったという。

厳しい校風。桜蔭の先生は勉強に関してはすごいのかもしれないけれど、女性特有のやわらかさやセクシーさに欠けている。「ああいうおばさんになりたくない」と思っていた。

## 勉強しないと不幸になる

田中は埼玉県出身。父親は東大、母親はお茶の水女子大の出身。両親ともに大学の教授をしており、教育には熱心だった。

「小さいころは、まだ両親は助手だったので、大学の教員になるために必死でした。家じゅうがピリピリしていて、子どもが騒ぐと、うるさいと怒られた。食卓の上には書物だとかが散乱していて、少し動かすと落ちてくるような家――。両親は『お前は俺たちの子どもだろう。勉強しないことは得をもたらさない。勉強しない奴は不幸になる』そう言いました。この教えを20代の初めまで信じてました」

2歳でピアノを習い始めた。先生がおしゃべりしながらピアノのレッスンをしてくれるので、田中自身は大好きだった。しかし母親は「あの先生はだめ。おしゃべりばかりで全然お稽古になっていない」といきなりレッスンをやめさせられる。「続けたい」と言っても、論破されて自分の思い通りにはならなかった。本が読めるようになったら、問題集を渡されて「やっておけ」と言われる。「妹や弟はかわいがられていたのに、なぜ私だけ」と思った。

「家では、絵里ちゃん、よくできたね、と褒められたことはなく、小さな失敗でも怒られる、大きな失敗ではもっと怒られる。どうして毎日毎日怒られるのだろうと。できて当たり前だと思っているので、ダメだったら怒るんですね。

塾では、言われたそばから憶える頭のいい子、という評価でした。でも私は失敗が怖くて、みんなの前で笑われるのが怖かった。『頭がいいと思っていたのに、できないじゃん』そう言われることに恐怖を感じて、必死に勉強しました。勉強しないで遊んでばかりいる友達のところにもサンタさんはプレゼントくれるのに、がんばった私には、なぜこんなちょっぴりしかプレゼントをくれないの、と思いましたもの」

小6で中学受験を考えて進学塾に入れられた。母は「私は忙しいから、あんたは自分でちゃんとしなさい」と放置。1年通って、御三家の、桜蔭に合格した。

コンコルド効果。もともとは超音速旅客機コンコルドが巨額の開発費を使い、就航までこぎつけたのに、著しく燃費が悪いことなどを理由にプロジェクトが中止された、その失敗エピソードに由来する心理現象のひとつ。ある対象に対して金銭的、精神的、時間的な投資をし続けることが損失につながるとわかっているにもかかわらず、それまでの投資を惜しみ、辞められない心理状態のことをいう。

「ここまで勉強してきたのに報われない、今までのことは無駄だったのかと思いたくないので、やるしかなかった」

田中はなぜ、桜蔭という学校で問題を起こしていたのだろうか。単なる反抗心でもない気がする。私は聞いた。

「テレビに出るのは禁止されているのに、なぜ出たのでしょう」

「家族への不満があって、他の世界に信頼できる人が欲しかったのです。地味に生きてると、知り合う人が限られているので、自分を拡散させて、その中で気の合う人を見つけようと思いました。最初は、みんなにどう思われるか怖かったけれど、自分とすごく合う人とメディアを通じて出会えるほうのメリットが大きかった。高校生のときからそう思っていました。この家にこもっていても何も始まらない、と」

高校時代は、同級生と一緒に男子校の文化祭めぐりもした。進学校は進学校同士。桜蔭は開成高校とカップルになるケースが多いと言う。田中も何人かの男子と付き合ったが、これという人とは出会えなかった。

## 東大至上主義の家

桜蔭でも勉強はよくできた。一度教科書を読んだり、見たりすると憶えてしまう。「カメラアイ（瞬間記憶能力）があったのかもしれませんね」と田中は笑う。友人たちは「絵里ちゃんの理解度はすごかった」と今でも言ってくれるという。

「友人たちは、塾に行っていたので、学校でやって塾で聞いてわかったけれど、塾に行ってなくてわかるのだからすごい、というわけです。私は高3のときに塾に少し行った程度。学校までの通学時間がかかる上に、さらに塾となると、無理でした。得意科目は英語。マドンナやホイットニー・ヒューストンを聞きながら、勉強していました」

東大に入るような人は、どこかでスイッチが入って、勉強するようになる。勉強しなくて遊んでいては、絶対に入れない、ということを知っているので、努力し続けるのである。田中もそうだった。母親ににんじんを鼻先にぶら下げられて、勉強するように仕向けられて以来、ずっと走り続けていた。

田中の母方の祖母は、いわゆる教育ママだったという。長野県の田舎で暮らしていたが、娘と息子を絶対に通わせるという執念で、長野の名門、長野県立松本深志高校に合格させた。母親はそこから名門、お茶の水女子大へ。

「受験って一種の強迫観念とか恐怖感があるのです。この学校に入りなさい、って強制されると、入らなきゃダメだと思って、必死にやってしまうのです。おばあちゃんは、特に学歴至上主義で、しかも東大じゃなきゃダメ。テレビでコメンテーターが意見を言うと『東大も出ていないのに偉そうなこと言うな』とか言うんです。私たちは『自分だって東大出てないじゃん』って突っこむんです。誰かを批判して、それで自分がすっきりするようなところがあり、学歴で人を判断する。私は、そういうのを見ていて、すごくいやだと思いました」

町で出会う女子高生が幸せに思えた時期もある。勉強しないでちゃらちゃらしている子はかわいらしくて楽しそうだった。「桜蔭の子はみんなダサい」。田中の理想からはほど遠かった。

「菊川怜ちゃんが出てきて、桜蔭にもかわいい子がいるじゃん、となったけれども、やはり進学校だけにダサい。それで派手好きになってしまったかもしれません。勉強一辺倒はいや。でも勉強してダサくなるのは損。スカート短くして登校してました。豊田さんもそうでした。自分が東大を目指すのではなくて、ただの女の子だったらダメなのかと思いつつも、得た知識は役立てたいと思っていました」

東大文Iを志望したのは、海外の子と文通していて、外国にかかわることに興味があったからだという。元国連難民高等弁務官の緒方貞子に憧れていた。国連に入るには、文学部だと弱い。法律と経済なら法学部がいいかと、文Iを受験。現役合格を果たした。

## 74年生まれの同級生

「この、ハゲー!」

「ちーがーうーだーろっ!」

元政策秘書への暴言がすっかり有名になった豊田真由子は、田中の桜蔭時代の同級生だ。暴言事件が公になり自民党を離党するタイミングで、田中はフェイスブックに卒業式で豊田と撮った写真を掲げ、自分の考えを記した。

親や学校の締め付けが厳しく、自分はもっと自由にしたい気持ちがある。でも名門学校をやめたくないし、頭の悪い女の子たちに交じってバカばっかりやるのも納得がいかない、東大には入りたいし、将来成功するコースを進んで社会的にも認められたいけれど、イイ女にもなりたいよね、そのためには学校のいうことだけ聞いてダサくしちゃだめよね、ということを、よく話し合いました。

その裏には私たち二人とも深く刻まれた「寂しさ」「劣等感」があったので、そこのところが互いにピーンと通じ合ったのでしょう。

これはあくまで一部だ。長文にわたり、高校時代の思い出や、事件の分析を綴ったが、炎上した。

「このままじゃ、あの音声だけが流れて、豊田さんのモンスターみたいなイメージが作られていってしまいます。そうじゃない優しくて弱さもある豊田さんを私は知っているし、お子さんのためにも書いておきたかった。あんな仕事をしていたら、誰だって病んじゃいますよ。あれを書いたことで批判もありましたが、あんなのは一過性。彼女のお子さんへの記録だと思ってください」

## 山尾と豊田の華麗なる経歴

「保育園落ちた、日本死ね」とブログの言葉を引用し、保活の厳しさ、増大する待機児童の問題を国会で追及した、衆議院議員の山尾志桜里も74年生まれだ。

山尾は東京学芸大学附属高校から後期日程で文Ⅰに入り、法学部に進んでいる。

彼女の著書『アニーの100日受験物語』によれば、高校3年の9月から受験勉強を開始し、前期日程は落ちたものの、後期で合格。東大卒業後は検事を目指すが、司法試験を6回失敗して2002年に合格、04年に任官されて東京、千葉、名古屋の検察庁に勤務している。07年に退官し、09年に、当時、民主党幹部だった、小沢一郎に口説かれて衆院選に出馬して初当選した。

法学部同期の豊田は、厚生省に入省。国費留学生としてハーバード大学大学院に留学し、帰国。在ジュネーブ国際機関日本政府代表部に一等書記官として赴任し、在職中に長男、長女を出産。厚労省で老健局高齢者支援課課長補佐に就任した。その後、12年に初当選する。

豊田は14年の春の園遊会でトラブルを起こしている。本来ならば夫とともに招待されていたのだが、母親を伴って入場しようとして宮内庁の職員に断られ、大声で暴言を吐いていた。この行動は、母親からの承認を得たいという豊田の欲求がそうさせたという考え方がある。華麗なるプロフィールなのに、まだ承認を求めるのか。心の闇は深そうだ。

## 理想の学校をつくる女性リーダー

1998年に東大経済学部を卒業した社会起業家の小林りん(44歳)もまた74年生まれだ。代表理事を務める「ユナイテッド・ワールド・カレッジISAKジャパン」は、長野県の軽井沢にある全寮制のインターナショナルスクールだ。東京学芸大学附属高校を中退してカナダに留学。モルガン・スタンレーなどに勤務した後、ユニセフのプログラムオフィサーとしてフィリピンのストリートチルドレン非公式教育に携わり、学校設立を決意した。16年に開校している。小林は東大生を前に『世界で働くプロフェッショナルが語る東大のグローバル人材講義』で、次のように語っている。

そもそも私も含め高校時代、文系理系にわかれていて、偏差値順に受験していくような実態がありました。これは違うんじゃないかと思っていたんですね。大学というのは、ある程度自分の道が絞られてくる時期のはずです。そう考えると本当は高校のときに何をやりたいかを決めて、それならこの先生、という選択肢の幅を持っているのが本来の大学受験の在り方ではないかという哲学を持っています。（中略）

アランの『幸福論』に悲観は気分によるものであり、楽観は意思によるものである、という言葉があります。（中略）現在の社会は困難も多いですが、楽観できる未来を作っていくのは皆さんです。ある程度は能天気に、前向きに、そして意思を持って楽観視していくことが大事だと思います。ぜひこれからの日本や世界を担っていく皆さんにこの言葉を送りたいと思います。

## 女子アナから医師へ

「医師を目指す」と言ってNHKを退局したアナウンサーの島津有理子（44）も74年生まれ。東大経済学部を卒業して入局。甲府、大阪を経て、02年から東京勤務。大河ドラマ『西郷どん』の最後に流れる『西郷どん紀行』のナレーションを務めたことで知られる。

担当していたEテレ『100分de名著』のホームページで発表した。

20年間勤めてきた組織を離れ、医師を目指して大学で勉強することにいたしました。自分の内面と向き合い、幼いころからの思いを叶えるべきではないかと思うようになりました。決断したものの不安要素も多く、どこまでできるかまったく見通しがたっていません。

74年生まれは、エポックメイキングな行動を起こす東大女子が多いように感じる。

## 初めての挫折、司法試験

さて、田中の話に戻そう。大学に入学した田中は、高校時代と違ってのびのびと自由に大学生活を送っている。ただし、東大女子に共通するように、この目標をクリアしたら、さらにまた何かをとりにいくという傾向は変わらなかった。

「寂しさと不安がつねにあって、自己肯定感が低く、男性に走ったりしました。またモテる女になりたいという思いがありました」

東大で交際した男性は地方出身のイケメンだったという。女子禁制の寮なのに夜中に忍びこんだりもした。彼は自信たっぷりのときと、自信がないときを揺れ動くような、繊細な男性だった。3人兄弟の長男で、お父さんはブルーカラー。貧しい中、東京に出してもらった。

「東大に入ったら、まわりがお金持ちばかりで打ちひしがれたと言っていました。『うちの親は学歴もないし、お前たち金持ちにはわからない世界があるんだ』とよく言っていました。確かに経済的には我が家は恵まれていたのかもしれません。桜蔭という私立に6年間通うには、それなりのお金も必要だったと思います。今の私だったら、『あなたのご家族、立派だよ』と彼に言ってあげられたと思う。しかし、あまりに私は若すぎて、経済格差もわからなかった。今、彼は大学教授になっているはずです」

3年になって法学部に進む。国連の機関に進むという夢は、いつの間にか忘れた。

「法曹関係に進んで弁護士になるか、官僚になるか、一流企業に入る」しか選択肢がないと思っている法学部の学生たちだったが、折からの就職氷河期で、民間企業の新卒募集ががくんと落ちた。田中は前出の川人博弁護士が授業を行う川人ゼミを取っていて、そこでブラック企業の実態をよく聞いていた。「上司にぺこぺこして使われるのはいや」だと、民間企業に入る気はなかった。田中の両親は、企業で働いたことがないので、就職しなさいとは言わなかった。

「消去法で、司法試験を選んだんです。ニートのように家にいて、ひたすら勉強していました。これが当時の私、Tシャツとジーンズ。このころは、かたくなに女性らしい格好をしたくなくて、男か女かわからないような格好でした。東大出て司法試験の勉強中は、美容院にお金を使って、ちゃらちゃらしている場合ではないと思ってました」

写真の中の田中は、笑ってはいなかった。司法試験は、4回受けた。司法制度改革で法科大学院への移行期だった。それまで田中は短期決戦が得意で、今まで通り勉強していれば、司法試験もなんとかなると思っていたという。

「人よりも速いスピードで成功する人生だったので、その私が4回目を受けて手ごたえがないということは、司法試験は私に向いていないと思いました。毎年同じことを1から憶えていく。去年はできたのに、またやってみると、忘れている。10年続けて受かる人もいるけれど、10年やり続けるタイプではない。気持ちがへこんで、4年間十分やったと思いました」

地味に勉強して、お金もなく、遊んでいることに罪悪感を持ちながら、20代を送りたくはなかった。

「女性の幸せを追求したかった」

受験4年目には、司法修習に進んだ後輩のアルバイトを引き継いでいた。司法試験の問題の下案を作るバイトで、バイトをしながら司法試験を受けた。ところが不合格だった。

そのまま、その予備校にバイトとして残り、契約社員を経て、正社員になった。

「この会社に入ったら、友達もできて、ここにさえ来れば、引きこもりにならないと思い、受験をやめてしまったのです」

バイトしては海外旅行に出かける生活をしていた。25歳のころだった。

## 転機

同じような人たちと闘って打ちひしがれて、司法試験戦争を降りた。田中は、このときに負けを認めた。なかなか負けを認めることはできなかったが、転機が訪れる。学歴はついたのに、仕事では成功していないという思いを抱えていたころだ。

2002年、天皇皇后両陛下の御成婚事業で、約1か月、海外に派遣されて研修する、スタディツアーの募集があった。これに応募。書いた作文が認められ、モロッコに行った。

彼女は、英語、韓国語、タイ語、スペイン語、フランス語、ポルトガル語、中国語に堪能だ。独学で身に付けている。語学のセンスがあるのか、努力家なのか。この言葉をマスターしたら、次の言葉へ、と勉強した成果だ。

「研修が終わって、赤坂御所に研修生を集めて報告会があったんです。そのときに天皇皇后両陛下がいらして、私は美智子さまとお話ししました。モロッコに行ってきたことを報告すると、温かい声のトーンで、私たちと同じ立場に立ってお話をされました。

研修生たちは、思い思いに自分の話をするのですが、返答がとても丁寧で的確。なんて頭のいい方だろう。そして、本当に人間的にえらい方は、えらそうにしないということを知りました。それまで、肩書きや地位でえらそうにしている人をたくさん見てきました。人間の質の問題。内面が優れている人になれば、司法試験に受からなくても幸せになれる、と思えました」

そしてもうひとつの転機は、結婚して子どもができたこと。結婚相手は韓国人の男性。28歳で彼と暮らし始めて、「男の人と暮らすのはこんなに楽しい」とわかった。

「それまでは同じような過去があって、傷をなめ合うような人とばかり交際してきたのですが、彼は違いました。親から逃れるための結婚でもあったのですが――。

彼の家に行くと、家族が温かく迎えてくれました。韓国語の持つ強い言い方はあったけれど、なんでこんなに優しい人たちがいるんだろうと思った。ほわんとした安心感もあったけれど、一方で何か自分だけ違うという疎外感もあった。それを見ていた彼は、焦らずにこれから、徐々に家族になっていけばいいよ、と言ってくれました」

彼は、田中のジグソーパズルの90%を埋めてくれたが、どうしても埋められないピースもあった。それは、すくすくと温かい家庭で生まれ育った人にはわからない寂しさのようなもの。それでも、長男を出産後、9年間の結婚生活で5人の子どもが生まれた。

## 母から受けた傷

子どもがすくすく育っていく中で、田中は「自分の子ども時代はなぜ、あんなに暗かったのだろうか」と考えた。

子育て中の母親たちは、子どもを育てているうちに、こんなに大変な思いをして育ててくれたんだ、と自分の母親の気持ちを思い感謝する。しかし田中は違った。

「勉強ができなければ幸せになれない」

「東大じゃなければダメ」

「なんで早稲田の人と付き合うの」

両親の価値観の押しつけ。数々の強迫観念を植えつけ、走らせ続けた両親。特に母親に対しては許せない気持ちでいっぱいになった。

「親に腹が立って……。夜中に突然がばっと起きて、大泣きしました。『お母さんに、いますぐ死んでほしい』と思いました」。夫は、「お母さんが死んだところで、過去は変わらない。たしかに最初に会ったときは怖かったけれど、孫もできて、ずいぶん丸くなった。君も過去にこだわってないで先に進もう」と言ってくれた。しかし田中は、「そんなことで関係が変わるものじゃない」。

電話やメールでメッセージを入れた。

「早く死んでくれ」

それが30代半ばまで続いた。母親ががんに罹《かか》ったのだ。私が死んでくれと願わなくても死ぬかもしれない。やっとメッセージを入れなくなった。

「子育てをしていくうちに自分の育ち方には欠陥があって、私みたいに育ってしまったら子どもたちにとって、いいとは思えなかった。子育て中には、子どもに手をあげてしまったことはありましたが、なんとか自分でコントロールしました。ロールモデルになる優しい母親は見たことがなかったけれど、優しい母親になろう。追いつめて怒りまくることはしないでおこう、幼少期の子どもの気持ちの安定だけを考えました。親は子どもの領域に入ってはいけないということを、わきまえています」

田中はアダルトチルドレンであり、アダルトサバイバーだ。親に気を遣って、親の面倒を見て、親を許すことはできなかったが、40を過ぎて、やっと定期的に会えるようになった。

それでもまだ欠けているピースがあって、そこでもまた何とかしなければいけない、という気持ちが押し寄せていた。

## 生活保護

離婚は12年。夫婦関係はすでに破綻しており、5人の子どもを連れて中国に働きに出かけたことが決定打となった。

30代半ばで、これから70代まで働くとして、ずっと専業主婦でのうのうと生活していけるはずがない。何で活躍できるか。5人の子どもをどう育てていくかを考え、中国・青島の有機野菜の栽培と販売を手がける会社に就職した。子どもたちに中国語を憶えさせたいという気もあった。

しかし、言葉の行き違いでトラブルになり、5か月で退社。

「このまま帰国して実家に舞い戻るのも窮屈な生活になる」

そんなところで、6番目の子の父親となる、会社の元上司の男性と再婚することに。入籍はしない事実婚。その関係で、次は福岡に移り住んだ。

しかし生活は楽ではなかった。1人の収入で、6人の子どもを食べさせていかなければいけない。仕事は、時給800円のお弁当屋のパート。子どものことを考えたら短時間しか働けない。マンションと光熱費だけでも毎月13万円以上が出ていった。

6番目の子どもの2歳半健診のとき、育児ノイローゼやうつになる兆候が見られたことで、保健師が生活福祉課につなげてくれた。

「私は、そんなにかわいそうな人なのかと思いました。生活保護の水際作戦もあり、受給できないと思っていたのですが、子どもが6人いることで、申請が通りました」

早朝から、運輸会社で時給900円のパートをし、家事サポートの会社も始めたが、依頼はほとんど友人たちからだ。体調のいいときだけパートに出るが、早朝とあってつねに募集をかけている状態で、働きたいときに働ける。

生活福祉課で就職指導を受けていて、語学を活かした職や塾の講師を提示してくる。しかし自分の体調と子育てを優先しているので、いますぐフルタイムでは働けない。

## 東大出たって、ふつうのおばさん

運輸会社でのパートは気が楽だという。中卒も高卒も関係ないコミュニティに入ってしまうと、東大なんて関係ない。もちろん隠す必要もない。むしろ重宝がられることもある。例えば、難しい名前の人がいて、この人の伝票を入力しなければいけないとき、

「田中さん、これなんて読むの?」

「これは、こう入れて変換してください」

「田中さんがいて、助かったよ。すごいじゃん、さすが東大」

弁当屋のパートでおつり間違えると、「すみません、算数できなくて」。

そう自虐的に言う習慣も身につけた。競争じゃないところに身を置くと、精神的に気が休まる。自己肯定感も失わずにすむ。楽な仕事などないが、今の生活は、それなりによかったと思えるという。

「メディアで取り上げられるたびに、今さら東大がテーマですか、とも思います。学歴や肩書きは、裸の自分に自信がない人の鎧《よろい》で、そういう鎧で対応していくのでしょうが、それはちょっと残念。もっと裸の自分を掘り下げなければいけない。

競争では、強い相手がどんどん出てきます。勝つのはほんの瞬間的なもの。そんなことで右往左往していても始まりません。東大出たって、ふつうのおばさん。25年前に配られたテスト用紙に、たくさん正しい答えを書けただけ。今は関係ありません」

東大の同級生たちが活躍しているのを見ると、後悔は感じないのだろうか。

「私には睡眠不足に勝って仕事をしていく体力がありません。自分を保ちながら何ができるか。弁護士になることだっていい。やりたければやればいいのです。

私はそれなりでいい。東大出たのにすみません、バカなことやって、えへへ。その『えへへ』を身につけると、みんなと違う自分になれると思います」

桜蔭のアルバムを持ってきたことで、思いを残しているのかと思っていたが、まったく違った。自分のことをより深く知ってもらいたかったのだろう。

彼女は、もう違う道を歩んでいた。

# 大企業にいる理由

## 地方の名門校

東京都心、オフィス街のイタリアンレストラン。

「遅くなってごめんなさい」

紺のテーラードスーツ姿の森涼子（42歳・仮名）が席に着いた。大手総合商社の子会社で部長職を務める管理職である。東大法学部を卒業し、大手総合商社に入社。一貫して電力事業の分野で働き、3年前から出向している。

森の紹介者からは「およそ東大卒らしくなくて、すごく自然体の人」と聞いていた。大企業で働いているので、初対面の人との交渉事も慣れているのだろう。あらかじめ渡してあった質問票に沿って、てきぱきと答えていった。

小中は、福岡教育大学附属小中学校から、高校は県立の進学校へ入学した。

「今、振り返ってみると、福教大附属小学校に行ったことが大きいと思います。小中は荒れている子もいなくて、授業も先生がすごく工夫していて、受けている私たちは楽しかった。イベントもわくわくしながら準備したし、作文をよく書いたりと、丁寧な教育が受けられた。学校のおかげで勉強がおもしろくなりました」

中高時代は生徒会の会長を務め、高3の8月までは、吹奏楽の部活で忙しく、それが終わって受験勉強に入った。

森の父は、京大に進みたかったが落ちてしまい、別の大学に進んだと聞いていたので、小さいときから漠然と京大進学を考えていた。しかし途中から外交官志望に。それならば東大のほうがいいと思い、どうせ行くなら東大、と志望を変えた。

両親は、娘は勉強が得意みたいなので、まあがんばってくれればいいという考え。「勉強しなさい」と一度も言われたことはなかった。父親は本や辞書をすすんで買ってくれ、塾に行きたいと言えば行かせてくれ、教育にはごくふつうにお金をかけて見守ってくれた。

「高校の成績は、1番だったということもないけれど、よかったほうです。東大は現役では受からないだろうから、浪人してゆっくり入ればいいと思ってました。東大の法学部なら、官僚だって弁護士だって、そのほかの職業にしても損になることはない。自信を持って自分の道が選べる、と」

受験勉強はZ会の通信教育だけ。予備校は同じ高校の友人の社交場みたいになっていたので、通わなかった。この年、高校から東大に合格したのは、現役で5人。浪人生も10人くらいいた。森もまた現役で合格を果たした。

東大合格者が口をそろえて言うのが、英語が得意だったこと。森も同様で、小学生のときに洋楽を聞くようになって英語が身近になった。大好きなアーティスト、デュラン・デュランやU2の歌詞を一言一句辞書を引いて訳した。好きなことだからまったく苦にならなかったという。

高校の英語は、かなり厳しかった。サブテキストを渡されて、これ1冊がテスト範囲というやり方。全部身につけたくて必死にやったことが、英語の成績アップにつながった。

## 天才、奇才たちを前に

東大に入ってみると、思った以上にすごい人たちがいた。森がひーひー言いながら解いていたZ会の問題で、模範解答に選ばれた常連たちがキャンパス内にいた。

「わ、この人、あの国語の解答の人か！　って驚きました。それも全然ガリ勉じゃなくて、バンドもやっているし、自然なんです。入った国際交流サークルには、灘高出身の子もたくさんいて、話していても何か違う。人種が違う感じがありました。地方の凡人がいきなり東大に迷いこんだ感じでした。女子は、たぶん私もそうだったと思いますが、まじめに高校の勉強をして入ってきた人も多いのかなと」

桜蔭、女子学院などの私立女子高から入学した女子は、第2外国語にフランス語を選択して、華やかな大学生活を送っているように、森には見えた。森の選択したスペイン語はマイノリティーでクラスメートに女子は5人だけだった。

「首都圏の進学校の子ががばっと入ってくるので、すでに知り合いとか友達もいて、コミュニティができあがっているように見えました。地方からぽっと行って、すごく楽しめるという感じの大学ではありません」

森は、バイトしてお金を貯めては海外に行った。バックパックを担いで南米や中央アジアなどさまざまな国を旅し、ピースボートに乗って北朝鮮にも行った。「当時食糧危機がニュースになっており、行くことができる今のうちにこの目で実際に見ておこうと思って行ったのです」と森は笑う。就活になり、なりたかった外交官を目指した。4年生で「外務公務員I種試験」を受けたが不合格。留年した。

「幼いころから『日本は世界ナンバー2の経済大国なのか。たまたま豊かな国に生まれて何不自由なく生活できてありがたい。海外の人の役に立つ仕事をしたい』と思っていました。鉄道や空港や発電所とか、海外とかかわるインフラ整備の仕事がしたい。インフラ整備をやるなら、JICAなどの選択肢もありましたが、プロジェクトをまとめ上げている商社がおもしろそうだと思いました。大きなプロジェクトがやりたくて、それで商社を受けたのです」

商社のほか、重工メーカー、プラントメーカーも受けた。結局、大手総合商社に内定をもらい、入社した。約140名の同期のうち、女性は10名に満たなかった。

## 育休中に留学

前述の通り、森は「大企業でしかやれない大きな仕事をやりたい」と望み、発電事業部門に配属された。働き方はハードだった。土日も関係なく働く。出張に出かけたら、終わるまで帰ってこられない。長期海外出張中に家族への連絡を怠り、夫が会社に「妻はどこにいますか？」と問い合わせたこともあった。

会社内には、特別、学閥や男女差別はなく、東大だからとメリットもデメリットも感じるようなこともなかったという。

結婚は、26歳のとき。東大時代の同級生だった。34歳で第一子の長男が生まれるまで、平日に夫婦そろって家で食事をすることはほとんどなかった。

長男の育休は1年半取った。12年間ハードに働いてきて、少しゆっくりしたかった。さいわい、近くの認証保育所に預けられることになった。気分転換にゴスペルのレッスンにでも行こうかと考えていたら、夫から「子どもを預けて、遊ぶんじゃなくて、せっかくだから何か勉強したら」とすすめられた。夫は外資系の投資銀行時代に、中国に語学留学して不動産会社に転職しており、中国と日本を行き来していた。

「夫も中国語ができるので、私も勉強してみようと思い、週に2回だけ中国語教室に通ったら、おもしろくなってしまった。大声で四声の練習をするのが楽しくて、どんどんはまっていきました。それで、思い切って長男を連れて、1年間、上海の華東師範大学（中国トップレベルの大学）に留学したのです。それまで駐在もなく、海外で生活をしたこともなかったので、実現したかったのです」

育休を半年間延長した。4年後に長女をもうけたときも、1年間留学している。育休中に通信教育で資格を取ったり、留学する女性も増えている。しかし、小さい子を抱えていては、時間的にも精神的にも余裕がなければ、実行に移すことはできないだろう。だが、森はやってのけた。しかも2回も。

中国留学してよかったことは何だったのだろうか。

「海外に出て視野が広がりました。中国に対するイメージも変わりました。中国では、子どもを〝宝〟と書くくらい、大事にするんです。子どもを連れていると、バスの中では席をかならず譲ってくれるし、食事に行けば、店の従業員が子どもの面倒をみてくれます。確かにサービス面では、日本にくらべたら落ちるけれども、死にやせん。人間としてのキャパシティが大きくなって、怒らなくなりました。それがいちばん大きい」

育休が明けてから、会社での働き方も変わった。若手の後輩社員とペアを組んで働くことになったので、森は企画や指示を出す。若手がそれを受けて、実際に動くという役割分担になった。

子育て中でも、時短は取らないで、午後5時半の定時まで働く。しかし定時で帰れることはなく、6時半までに退社することを目標にしている。夜の宴席や出張は、週に2回とアナウンスしているので、それに合わせて、スケジュールを組めるようになった。

年少の長女のお迎えは夫の担当。夫は、独立して自営業になったので、仕事は自分で決められるから、と家事分担してくれる。

「配偶者選びは本当に大事です。夫の実家の父も掃除と洗濯を担当していたので、夫も自然とやってくれています」

管理職となり、20名の部下を束ねて働いている。自分の提案や意見がダイナミックに経営に反映され、やりがいがある。そしておもしろいのは組織づくりだという。メンバーの特性を考慮しながら、成果を出すためのベストの体制を作っていく。一方で、部下からさまざまな相談を受けるので、労務管理やコンプライアンス関連の法律については書籍等にあたって勉強し、適切な対応を取るように心がけている。

「『LEAN IN 女性、仕事、リーダーへの意欲』という本に、アメリカでの研究結果として〝男性は成果を出して人に認めてもらいたい、という傾向があり、女性は人の役に立つことを望む〟と書いてありました。まさに私もそうで、チームのメンバーを活かしながら、人を引っ張っていくようなリーダーになりたいと思っています」

## 東大に入るのが本当にいいのか

港区に住んでいる森は、中学受験の過熱ぶりに驚くという。公立小学校の1クラスの半分以上が私立中学に行く。小学校2年の長男のママ友たちは、どこの塾に行かせるかをすでに考えていて、閉口気味だ。

大手進学塾の関係者は、私立中学校受験の次が大学受験のため、大学への実績が志望校決定に大きく左右すると話す。

「勉強ができる親、学歴の高い親は、子どもを東大に入れたいと願っています。女子は、中2と高2で成績が伸びると言われています。成長して、視点が定まるので、そこから勉強すると東大合格も夢ではない。東大のメインストリームの御三家合格は大変ですが、スイッチが入ったときに、東大が狙えるか、狙えないかを考える保護者も多い」

「誤解を恐れずに言えば」と前置きして森が話す。

「小学校の低学年から塾に通って、中学受験して、結局トップじゃない有名私大に入学するくらいなら、小学校時代を楽しく、のびのびと過ごすほうがいいと思うんです。勉強は本来楽しいものなのに、強制することでわざわざ〝勉強嫌い〟を作っているような気がして。有名私立中学校に入ることが目的ではなく、学校生活を楽しみ、やる気を持続できるかです。少しでも上の学校を、と猛勉強で合格したはいいけど、そこで落ちこぼれてやる気を失ったらかわいそうです。東大は、集まってくる人はすごいので、その交流関係はその後の財産だと思います。東大卒が意識されるのも、新卒で就職して勤めあげることが前提の価値観。今は違う。80歳まで働くとしたら、また違うアクションになるでしょう。それに、これから大事なのは、ビジネスであれ何であれ『クリエイト』することです。これは人間にしかできないことなので」

学歴云々というよりも、ひとりの人間としてどう生きるかを考えなければいけないと森は言う。

「勉強が楽しいと思う子で、東大に行きたい学部があるなら、勉強して東大に行けばいいというだけのこと」

森がすごいなと思うのは、同じ東大出身で、前出の小林りんや、ウルトラテクノロジスト集団を名乗る「チームラボ」の猪子寿之だ。東大での経験とネットワークで、次々に異才が出てくればいい。74年卒の東大女子には、若い人たちのロールモデルとなるような活躍を期待している。

4章

# 「東大だから」の差別

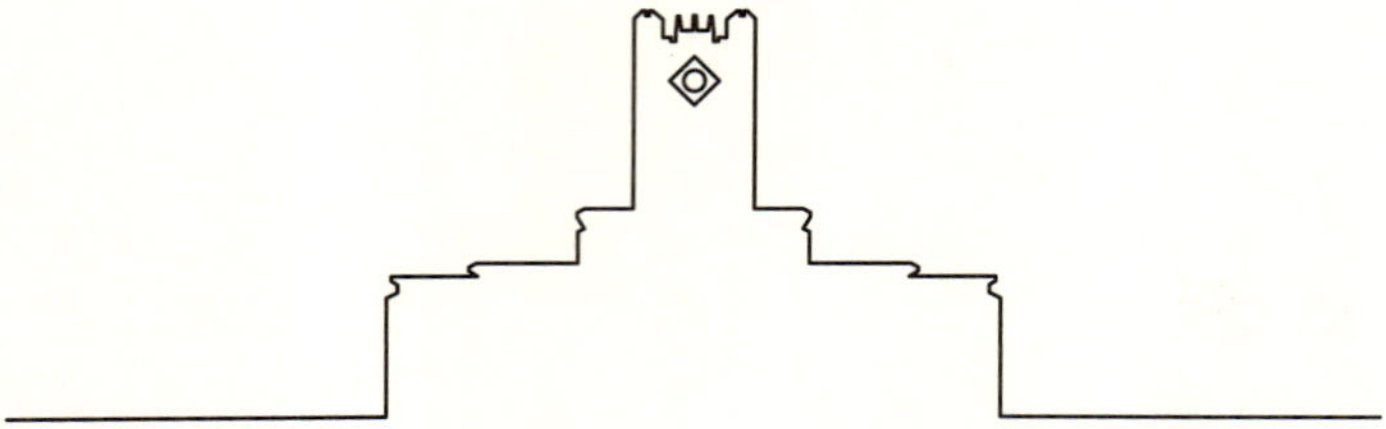

在学中には感じていなかった東大の重み。
就活で、社会に出てから感じた
東大に向けられる世間の目。
そんなものに負けていられないから、
走り続けてきた彼女たちの葛藤とは。

# ガラスの天井

## 東大三代

学習院女子高校から東大文Ⅰに入学したアルバ・パートナーズ代表取締役、竹内明日香（46歳）。一浪したため、第2次ベビーブーム（団塊ジュニア）のピークの人たちとともに入学した。このときの志願倍率は、かなり高倍率だったと推測できる。1994年、「新語・流行語大賞」で「就職氷河期」という言葉が、審査員特選造語賞に選ばれた。

雑誌「就職ジャーナル」から生み出された造語で、就職環境の悪化は、産業構造の問題であり、当然に一過性のものではなく長期的、本格的なものとの視点から「就職氷河期」と名付けられた。1994年の大卒就職難は社会問題ともなり、「就職氷河期」を否応なく実感させられることになった。

1990年に株価の暴落が起こり、バブルが崩壊した。景気が後退する中、1993年から2005年まで有効求人倍率1を下回った。新卒者の就職は非常に困難で、フリーターや派遣労働者など非正規労働が増加した。

## 鮭は生まれた川に戻ってくる

父親、曾祖父は東大卒。自宅が東大本郷キャンパスに近かったため、父と三四郎池で釣りをするなど、東大はつねに身近な存在だった。

「鮭は生まれた川に戻ってくる習性がありますよね。もしかしたら父は私に東大に入ってほしくて、小さいころから本郷に連れて行っていたのかもしれません」

中高時代は水泳部だったが、肩を壊してマネージャー職に変わった。それを見ていた国語科の教師から「中途半端に水泳部にいるのなら、何かもっと前向きなことをしなさい」と言われて、「じゃ、勉強でもしよう」と思いついたという。

6〜9歳まで父の仕事の関係でニュージーランドで育った。英語は堪能で高校からはフランス語を学んだ。

その他の科目は東大に行けるような成績ではなかったが、たまたま合格した駿台の東大セミナーで、東大入学への意欲に火がついた。

竹内の両親は、中学受験でも大学受験でも塾には通わせない方針だった。授業料を払ってくれないので、特待生を勝ちとり、駿台に通ううちに成績が伸びていったという。

国際政治が学びたくて文Ⅰから法学部に進んだ。

「東大での4年間は本当に楽しかったですね。校則が厳しかった高校と違い、均一でいなくていい。気を遣わなくていい楽さと言いますか、東大生はみんな、どこか変なんです(笑)。オタクみたいに変わった人がたくさんいて……。そういう人とは、高校まではどこか距離をおいていたのですが、慣れると居心地がよくて。1年浪人もしているので駿台の仲間の大きなコミュニティがありました。さらに、大学にたくさんいた御三家出身の人たち、そして地方から出てきた優秀な人たちにもめぐり会えて、一気に友人の層が広がった気がします」

東大は国からの助成金がどの大学よりも多く入るので、学校のインフラが整っていたという。教授の質の高さ。試験も考え抜かれていた、と竹内。テニスサークルや体育会の競技ダンス部にも入った。

法学部というと将来の目標は、多くが弁護士か官僚。しかし竹内は「誰かのために働く」弁護士の仕事に魅力を感じなかった。わざわざ民間企業に進む同級生は少なかったが、父がそうだったように銀行を目指した。

やがて迎えた就活。就職氷河期で、しかも卒業生の多いベビーブーマー世代。会社へ面接に行くと、東大女子と会う。1人か2人の枠を知り合い同士で奪い合った。

「同級生の中には、思うような就職活動ができず、そのまま引きこもりになってしまった子もいました。ペーパーテストはできるのにコミュニケーション能力が足りず、自己アピールができないという、もったいない例をこのときたくさん目にしました」

## 大手銀行にはびこる「女性差別」

竹内は、し烈な就活を勝ち抜いて、日本興業銀行に総合職で入行。どこを見まわしても東大卒だらけ。しかし女性はほとんどいなかった。行内には、古い体質が残っていたから――。

「配属された国際営業部に電話がかかってきます。私が出ると『男性いる?』と替わるように言われます。女性総合職が存在していることを知らない、という感じでした。ミーティングには『男性ミーティング』と『女性ミーティング』がある。回覧板も『男性回覧』と『女性回覧』。総合職を『男性』と呼ぶんです。男性ミーティングに出て、女性の私が『男性回覧』を回すのは妙な気分でした」

それでもタフさを買われて関西に赴任する。興銀で女性の地方支店の赴任は、竹内が初めてだった。男尊女卑な体質は残っていたものの、それでもさまざまなやりがいのある仕事を任された。

その後、興銀は第一勧業銀行と富士銀行との事業統合に合意し、みずほフィナンシャルグループになる。そこでも審査等を担当した。ただ、統合してからは、まったく違う雰囲気の銀行になってしまった、という。

「東大の学歴は、みずほ時代にはマイナスでしかなかったです」

## 18歳の自分の選択に感謝

「他大学の学生は東大女子だからと相手にしてくれなかったので、合コンには参加できない。出席できても、大学名は最後まで伏せるか、バレたら最後まで顔見世パンダで、そのネタでいじられて相手にはされませんでした。女子高までは男子ともふつうに交際していたのに、東大に入ってからはなぜこんな目に遭うのだろう……。他方で母からは『早く結婚しなさい』とプレッシャーをかけられていました」

卒業後に知り合った東大卒の男性と29歳で結婚した。

みずほには、興銀時代も含めて11年在籍、2人目の子どもの育休を取得した後に辞めた。竹内が辞めた理由は、以前の銀行とは別の会社になってしまったから。

男尊女卑が残っていても、国際的な案件を扱え、社会的な意義のある仕事もできていたのに、統合してからは、やりたい仕事ができなくなった。

「銀行に11年もいたのは、自分が辞めたらこの先女性を採らなくなってしまうのではないかという危機感があったから。しかし、金融庁の締めつけもあって、会社もずいぶん変わってきた。育休中に後輩が会社を立ち上げ、それを見ていたら、私も独立しようと考えるようになりました。

当初やっていた審査部では、融資の判断、企業のよしあしの見極めをしていました。海外の投資家に、その情報を提供しようと考えたのです」

2009年に会社を設立。当初は、ママ友などに東大卒を含めた経歴を知られるのがいやで、プロフィールは会社のホームページにも一切載せていなかったという。

会社設立にあたって銀行時代の先輩に、「お客さんを紹介してあげたいとは思うけど、何もウリがないいんだから、せめてホームページに大学名を載せたら?」と言われ、渋々ながら載せると――。

「苦渋の選択だったのですが、公表することが信頼感につながったのか、その後、仕事が増えていったのです。会社員時代はまったく恩恵を感じませんでしたが、独立してからは、18歳のときの選択に感謝しました」

東大卒のいちばんの利点はネットワーク。先輩後輩、誰かが何かをやっているので、何かを調べたい、誰かを紹介してほしいと思ったときに、誰かしらが〝ドアオープナー〟になってくれる。

例えば、鉄道関連の案件で業界を調べる場合、東大のネットワークが活かせる。JR

にいる後輩、国土交通省にいる先輩の力を借りて情報を集め、それで海外の投資家との仕事につなげたりもした。

## 東大の学歴

２０１６年11月9日、アメリカ大統領選で、トランプに敗れた、ヒラリー・クリントン候補が敗北宣言を行った。

「もっとも高いところにあり、もっとも硬いガラスの天井を打ち破ることはできなかった」アメリカの女性たちが、社会や職場で男性と同等の権利を勝ちとるためにどれだけ戦ってきたか。

アメリカ初の女性大統領誕生かと全世界が固唾を飲んで見守っていたが、それはかなわなかった。弁護士として成功し、ファーストレディーから、上院議員へ。彼女こそが女性たちの夢を体現してくれるとフェミニストたちは、信じて疑わなかったのに……。

選挙戦を取材していた東洋英和女学院大学大学院客員教授の中岡望は「ｉＲＯＮＮＡ」に、次のように寄稿している。

女性大統領が誕生するかもしれないという熱狂ではなく、女性の間にある妙に冷めた雰囲気であった。（中略）高卒以下の労働者階級の白人女性だけでなく、大卒の白人女性も、また本来なら民主党支持者であるラテン系の女性もクリントン候補には投票しなかった。（中略）ではクリントン候補の敗北は「ガラスの天井」が理由だったのか。アメリカでの女性を取り巻く環境は大きく変わっている。まだ深刻な性差別が残っているが、女性の社会的な活動の場は確実に増えている。（中略）企業社会では、すでに「ガラスの天井」はずいぶん高くなっているのである。

ほかにもクリントン候補には、既得権益の問題など敗戦の理由はたくさんあったが、アメリカのガラスの天井にくらべれば、日本の天井はまだまだ厚い。日本は、世界経済フォーラムが発表した「ジェンダー・ギャップ指数２０１７」によると１４４か国中、１１４位。何かやりたいと思ってもいろいろな足かせがある。また女性が連帯できずに女性同士での学歴などを理由にした区別が歴然とあり、社会で自由に泳ぎ回りたいと思ったら、何かしら人より秀でた力が必要なのだ。

竹内は「日本の子どもに話すちからを！」をテーマに、一般社団法人「アルバ・エデュ」を設立し、小学校から大学生まで出張授業をしている。

自分の好きなことや思いをストレートに言語化できずに損をしている人が多いという問題意識からである。今、引きこもってしまっている人たちも、もっとコミュニケーションの手段を幼いころから知らされていれば、その才能を存分に生かせたのではないか、という思いだ。

「女子が勉強することについても、日本は大学進学率に男女差があったり、まだまだ根深い偏見があるように感じます。そして、女の子がなりたい職業の国際比較があり、東京の子はやたらあどけなくて、男性をアシストする補助的な業務やパティシエなどをあげるんです。ニューヨークとロンドンは、医者か弁護士。ソウルは議会議員、中国は会社社長。

日本では、成人男女にアンケートをすると、女性が勉強して、バリバリ働くことに対して嫌悪感を持つ人が多いんです。その結果、女の子たちは大人の反応を見ながら、社会通念的にこういっておけばかわいいと思ってもらえると考えて、あえてあどけない夢を語ってしまうのかもしれません。

けれど、これからは専業主婦でいられる女性は、そもそもわずか。しかも夫や子どもに尽くすことだけが女性の幸せではないはず。それに早いうちから気づいたほうがいいんです。女子ももっと勉強してキャリアを積んでいってほしいです」

ママ友にキャリアを知られてしまった竹内だが、なんら弊害もなく、ＰＴＡの会長を務めたり、地元でオーケストラを立ち上げたり、人生をエンジョイしている。東大、銀行でのがんばりがキャリアアップにつながり、ますます生きる世界が広がった。彼女の中に、生きることへの貪欲さが感じられた。

# 東大卒の看板が重たい

## 後期コンプレックス

「住みたい街」のひとつに選ばれた都内の臨海エリア。林立するタワーマンションから出てくる家族連れがショッピングモールに吸いこまれていく。最上階の3LDKの部屋で1億を超えるというから、きっと裕福な階層が暮らしているのだろう。

土曜の午後3時。山田里美（44歳・仮名）は、約束の喫茶店に現れた。

「お恥ずかしい話、私がこの取材の適任かどうかわからないのです。いいのでしょうか。東大といっても私、後期で入りました」

「後期ですか。後期日程だって東大に合格したのに変わりがないじゃないですか」

「それが違うんですよ。前期の子とは、ちょっと志が違うというか。センター試験の足切りにあわなかったので、受けられるなら受けてみようか、というオプションみたいなものなので……。ノリですね」

前期だって後期だって変わらないではないか、と一般の人なら思う。東大女子が東大女子を差別するようなことがあるのかと、少し驚く。山田は正直な人なのだ。

「後期試験はなんだか裏口っぽくて（笑）。文章を書いたり読んだりするのが問われる試験なので、そういうことが得意な子には有利なんです。私も記述は得意でした」

「別に後期で受かりました、と言わなければ、世間にはわかりませんよ」

「それが同じ高校だとわかっちゃうんですよ。楽して入りやがって、何なら、『あなたたちは補欠』くらいの差別意識だったと思いますね。高校の同級生とは、大学時代には、あまりつるめなかった。私の中にそんな記憶が残っています」

## クラスメイトのテストを採点

彼女は横浜にある中高一貫の女子校出身。

「子どものころは神童でしたか」と尋ねると、「そうだったかもしれない」と答える。

なぜか担任に言われて、クラスの女子のテストの採点係をしていたという。

「小学生が小学生の採点をするなんて――。言われるままにやっていましたが、今から考えるとひどい先生ですよね。現在、娘が小6で、来年中学入試なのです。娘の成績とくらべたら、私は頭がよかったと感じます。中学受験に関しては、娘のほうがよほど勉強していると思いますが、私の母校に入れるレベルではない。中学受験の過熱ぶりを見ていると、今さらながら本当に大変だと思います」


山田が東大を意識したのは、高1のとき。同級生のひとりが言った。

「私、東大に行きます」

ほとんどの生徒が、早慶に合格できたらラッキーだと思う中で、東大を主張したのは彼女ひとりである。

「東大を受ける子がこの高校にもいるんだ」とびっくりした。

前述のとおり、山田は文Ⅲに「うっかり?」合格を果たす。鮮明に記憶に残っていることがある。入学式直後に、東大のOGがやって来て、女子学生向けのオリエンテーションがあった。演壇に立った女性は言った。

「仕事は絶対にやめてはいけない。子どもを産んでつらいのは10年くらい。仕事を持って社会に貢献してください」

その女性が誰だったのかは覚えていないが、いまだに印象深いという。そのときに東大生は社会に貢献しなければいけない、それを刷りこまれたような気がする。

山田が入ったサークルはインカレの合唱団。定期演奏会があり、練習に忙しかった。

「東大女子には2タイプいて、インカレのサークルに入って、他大学の女子と仲良く過ごせる人。そして、インカレにくる他大の女子は東大生ではないので、仲良くなれないという人たちです。

私は音大の女子とも和気あいあい楽しく過ごしたタイプ。入学後はとにかく浮かれ気分で遊んでいました。東大に入ったことで、祖父母孝行はできたと思っていた。しかし両親からは、まだ入っただけじゃない、みたいなことを言われたのです。母親はふわふわしている私を心配していたようでした。母が心配した通り、大学でまじめに勉強をしている人たちとの接点はまったくありませんでした（笑）」

なぜかしら山田のまわりに集まってくるのは、後期組。東大には石にかじりついてでも入りたいという気持ちがなかった女子たちだった。山田は、大学でのエピソードはたくさん話せるが、どれもこれも「私が主体的に何かをやって学生生活を満喫したということではないのです」と前置きした。

## 看板がとにかく重い

東大女子の多くは負けず嫌いだ。小学校のころから勉強がよくできる優等生。しかも東大合格という箔がついて、これから先も負けることはないと思っている。

「挫折を初めて感じたのは、就活の始まる前です。学内でインターン募集があり、応募してみましたが、まったく受からなかった。確かによく考えもしないで、コンサルタント会社など数社に出しましたが、歯が立たない。話にならない感じで打ちのめされました。本当に行きたい人と志が違う。意識が違う。合格した子たちは、私とはあきらかに違うんだとわかりました」

もっと自由がきくうちに、東大というネームバリューを最大限に使って、勉強をしておけばよかったと後悔した。

いよいよ就活の本番が始まった。志望は出版社。大手に入りたいと思ったが、就職氷河期の真っ最中で、求人も少ない。大手まわりをあきらめ、結局、ある中規模の専門出版社に、初志貫徹して就職した。編集の仕事は楽しかった。やがて有名私大の大学院を出た男性と結婚し、2人の子どもをもうけた。夫は家事に協力してくれたので、会社を退職することなど考えずに働いた。娘や息子の話をするとき、山田の顔はキャリアウーマンの顔を離れ、表情が柔らかくなる。子どもにやさしいママなんだろうと思う。

子どもの学校行事にも積極的に参加するが、ママ友には、東大卒であることを言う必要はないし、言う機会もないので、そのほうが、気が楽だと話す。

「○○ちゃんのママは東大だから優秀なんだね」

そう思われるのも、自分にはむなしいと思うからだという。

入社以来、自分では東大卒であることを意識したことはない。しかし、女性が半分いる会社で、上司や同僚たちが、ずっと山田は東大卒だという目で見ていたことに気づく。

それは人事異動のときだった。

経営企画室はほとんど男性社員の部署で、その中に会社初の東大卒の女性がひとりいた。彼女の後任選びが始まり、山田に白羽の矢が立った。

「それまでは、私が東大卒であることに対して、みんな何も思っていないと感じていました。ところが人事が決まった瞬間に、『やっぱりね、東大卒だから』と言われ、東大卒というイメージで見られていたのだと知りました。

彼女たちにとっては、経営にかかわる大きな仕事をするのは東大出の人、という思いこみがあるようです。でも、中身が伴わない看板は、重いだけだと思います。会議で他の人と同じことを言っても、周囲のとらえ方が、『東大だからね』と重くとられがち。それもまたつらいものがあります」

東大卒というブランドが強すぎて、葛藤があるのに、それを出しにくい。生きづらさとも違う、外面と内面のギャップ。それは誰しもが持っているが、東大卒女子の場合は、ふつうの人とくらべ、数倍も違うものなのかもしれない。

「山田さんにとって、学歴とはなんですか」と聞いてみる。

それは、「やりたいことに必要な最低限のパスポート」だと考えているという。だからこそ、娘や息子にも、ある程度はいい大学に行ってほしいと。

「最近、子どもたちは大学に興味を持ち始め、私が東大卒だと知って『すごいね』という話になりました。でもそうじゃないの、学歴は身の丈に合ってないと意味がない。東大を卒業したからといって、それに見合うだけの実力がなければいけない、と言っています。後期日程組の友人は、みなそれぞれにがんばっています。大企業にいった子、海外赴任した子、留学した子。みんなトップの会社で生き残っている。東大卒の看板に押しつぶされないように努力して、自分の足で立っている。私はそんな友人たちを誇らしく思います。みんな幸せそうですよ」

東大を出ていると意識しないようになったときに、肩の力が抜けたという山田。子どもの参考書を買いに出かける後ろ姿は、幸せそうだった。人生経験が彼女をそうさせた、そんな気がした。

# 専業主婦では終われない

## 出身高校から初の東大文系女子

「父も叔父もみな京大出身だったので、京大はあまりに身近過ぎて」と東大を選んだというのは、教育系のライターをしている川口由紀（44歳・仮名）だ。

地方のお嬢様校、カトリックの伝統校に小学生から通った。

「地方は閉鎖的な価値観で、女の子は勉強しなくてもいいという考え方がまだ根強く残っていました。三人姉妹の長女で、親に『勉強しなさい』と言われなくても自分からやる子でした」

東大を漠然と意識したのは、中学3年のときに東京で行われた英語のスピーチ大会全国大会に出場したときだった。お世話係には東大生が何人もいた。「東大生といってもふつ

うの女の子なんだ」と思った。そのことを父に話すと、

「どうせ大学に行くなら、それくらい高いところを目指して勉強すればいい」

と言われた。

「母校の高校では、推薦で上智大学に入学するのがトップクラス。私もそう思っていたのですが、東京には出たかった。私立の慶応あたりを狙って勉強しようと思っていたのですが、父にそう言われて意識し始めました」

高校の先輩には東大理系に入った人はいたが、文系での合格者はいなかった。英語はなんとかなりそうだったが、ほかの教科は歯が立たなかった。

東大合格者の手記を読み、どんな勉強をしたかを研究した。今の実力では、愚直に努力するしかないと思ったという。

高1で駿台に通い始めた。「塾で勉強するよりも家で勉強しなさい」というのが家庭のポリシー。苦手だった数学と国語の授業を週2回。高2になって選抜クラスに上がれたので、数学と英語を取った。

勉強法は、これをやると決めた参考書を徹底的にやること。150ページの参考書を1か月でやるとしたら、1日5ページ。これだけは必ず毎日やる。休みの日でも、旅行先で

も、日課をこなした。そして文Ⅱに合格し、上京。母校からは初の東大文系女子の偉業だったという。

「高校の3年間はとにかくストイックに勉強をしていたので、大学に入ったらはじけてしまい、あまり勉強しなくなりました。友達がたくさんできて、楽しかったですね。深く考えないで、文Ⅱから経済学部に進みました。教養学部の国際関係論分科に進むつもりで入ったのですが、教養学部は駒場キャンパスです。でもせっかく東大に入学したのなら本郷キャンパスに行きたくて、経済学部に進学。もともと数学は苦手だったので、数学を使う経済学には苦労しました」

就活は氷河期で、厳しかった。民間企業の総合職は女子1人というところがほとんどで、最終で他大学の女子と競合すると、東大女子が落とされることもあったという。

「男子でも苦労していたので、学歴があるから決まるわけではないと、このとき実感しました。人事ですから当たり前なのですが――」

外資系銀行の調査部や総合研究所などにも興味があったが、なかなか決まらなかった。通信会社にOG訪問に行ったとき、そこで出会った先輩方が肩ひじ張らずにいきいきと仕事をしているように見えた。

「優秀で優しい人が多いという印象で、こういう先輩たちと一緒に働きたいと思いました。決め手はリクルーターとの愛称ですね。元々はオペレーターで採用された、語学のできる女性が多い職場でしたので、男女対等の雰囲気がありました」

## 夫のアメリカ留学

業務系総合職は、全員が営業に就く。川口は大阪に配属になり、関西の中小企業を回った。東大卒がマイナスに働いたことはない。

本社に戻り、サービス企画、他業種とのアライアンスを担当し、会社に入ってから知り合った東大卒、異業種の男性と「同じ大学だから楽でいい」と結婚した。やがて妊娠。切迫早産から産休に入り、育休に突入した。

「15年前は、保活もまだ厳しくなく、保育園にも入れたのですが、子どもといる生活もいいかなと思いました。児童館の方に相談すると、子どもと一緒にいてあげることができるのなら、そのほうがいいですよ、とアドバイスされました。ただ、子どものために仕事を辞めたというのではなく、自ら選んで辞めたのだと思うようにしました。保育園に行ったとしても、子どもは幸せだったかもしれないけれど、自分で子育てしたかったのです」

その後、夫のアメリカ留学には家族4人で行った。川口自身も現地で学校に通うことも考えたが、夫と子どものサポートを優先した。英語がまったく話せない5歳と3歳の子どもを、日本人の少ない現地校に通わせていい経験をさせたかったからだ。

帰国して川口は、長男、長女ともに中学受験をさせた。

夫は「どうせ中学受験をさせて授業料を払うのならば、その価値がある学校に行かせて、ダメなら公立校に行かせればいい」という。その価値観で子どもを受験塾に通わせた。

「塾に入れれば、そこで指導してくれると思ったのですが、塾の方針が家庭でも勉強を見てくださいという。そこで、私が全面的に勉強を見ることにしました。仕事をしていなかったからこそ中学受験にもフルコミットできました」

## 息子も娘も「御三家」

長男も長女も、御三家に入学を決めた。絵に描いたような、高学歴家族である。

御三家の保護者には東大卒の母親が多い。子ども同士で、親の学歴について話し合ったこともあって、すでに川口の東大卒はバレている。

「川口さんは、東大何年卒?」と聞かれることもある。「両親が東大でも、子どもは別に東大じゃなくてもいいよね」などという会話が飛び交うこともある。

東大一択の必要はないということか。

「もちろん東大に入るのも、ひとつのチャンスだけれど、ゴールじゃない。これからの世の中、何が安泰かなんてわかりません。だから子どもたちには、東大に入るにあたっては、自分がどうしたいのかを考えなければいけないと話しています。法曹界に行きたいから東大に入る。この勉強をしたいから、理Iに入るとか。例えばロボットが研究したいのなら東工大に入る選択もある。入った後のほうがずっと大事なんだよ、と夫とも言っています」

子どもたちの中学受験を終えて、仕事を始めようとした。それまでも、サークルの後輩が始めたメディアで大手企業のトップや学者にインタビューし、記事にまとめる仕事をしていたこともあり、経験を活かして、ライターの仕事へアプローチした。

あるネットメディアに履歴書を送ると、すぐに声がかかった。

「仕事を再開するにあたっては、東大卒は社会保障のようなもので、東大だからという安心感もあるのでしょう。娘の合格を取材しに来たメディアには、私の経験から何かお手伝いできることはないかと尋ね、仕事をもらえるようになりました。学歴を見て、こちらも大丈夫だと思ったのだと思います。以前書いた記事をいくつか読んでもらい、中学受験をする親の立場で記事をまとめてほしいと言われました」

専業主婦を経て、子どもの中学受験を成功させて、多くの経験を土産に、華々しくまた社会との接点が出てきた川口。学歴についてはどう思っているのだろうか。

「学歴はあって損はないです。学歴があれば、仕事の選択肢は広がると思います。アメリカの友人は、学歴はスタンプだって言います。でもどんなに立派な履歴を持っているからって、ソー・ホワット？（だからって何だい）って。頭が悪くない証拠にはなるけれど、『じゃ、何ができますか？』と問われたときに、プラスアルファの答えを持っていないといけない。『自分にはこれができる』と言いきれるユニークな能力がないとだめです。だからこそ、子どもたちには言うのです。自分が何をしたくて、そこに行くのか、と」

# 転職を繰り返す

## 恋愛でつまずいて

ＴＯＥＩＣのスコア８９０点を誇る山中文恵（38歳・仮名）は、メーカー勤務、家庭教師やカラオケ店でのアルバイト、テレビ番組制作会社などを経て、転職サイトからヘッドハンティングされて女性管理職としてある大企業に迎えられた。

高校は私立の御三家。成績は中の上くらいだったが、私立高校御三家に通う兄が東大に入学を果たしたことで、ダメもとで受験したら合格。文Ⅲから文学部に進んだ。

「文学部はさして即効性のない学部なので就活のときも東大の肩書きはあまり通用しませんでした。クラスの大多数はマスコミ希望でしたが、私はメーカーを選びました。技術者や工場を抱えて仕事も多岐にわたっているのが強み。社会貢献度も高い。英語力を活かして海外勤務がしたかったのです」

同期入社は850人。毎晩終電で帰るような激務だったが、女性の管理職も多数いて、何より任されたプロジェクトが楽しく、苦にならなかったという。

そして3年目に念願の海外勤務が回ってきた。ヨーロッパのある都市のソフトウエア会社で、現地の技術者のマネジメントをするのが仕事だった。

「やってみるかい、と打診があり、ぜひ行かせてくださいという感じで、ヨーロッパで6か月勤務。欧米スタイルの仕事の仕方など学ぶことが多く、何より交渉力がつきました。ここでの経験は、私にとってその後の飛躍につながると確信していました」

仕事は順風満帆だったが、恋愛でつまずいた。同棲していた恋人から、言葉の暴力が繰り返された。彼から「東大だから何なんだ」といったひがみを聞いたこともある。度重なる心労に、ついには病院に通うほどになった。

診断はうつ病。同じ時期に祖母の介護や母の病気治療が重なり、それを理由に会社を辞めた。同棲を解消。家に戻った。当初は入院を余儀なくされたが、ほどなく通院治療に。それでも薬は手放せず、どうしても「死にたい」という思いが消えなかった。いつ死んでもいいと、準備はできていたという。

そんな山中を救ってくれたのが、祖母の介護だった。

「私の存在はいるだけで迷惑なんじゃないかと自問しました。それが私を追い詰め、死のうと何度も思いましたが、親や祖母のためにも死なずにおこうと、とどまりました。やがて祖母の介護を続けるうちに、『こんな私でも役に立つことはあるんだ』と思えるようになってきて……。祖母が自信を取り戻させてくれたのです」

## カラオケ屋のバイト

3年が経って徐々に回復してきた山中は、もう一度働くために、アルバイトを始めた。いきなり企業で働く自信はなかったために、週に何回かの家庭教師と、カラオケ店でのバイト。「東大出てカラオケ屋でバイト?」とめずらしがられた。

「前からやりたかったから――」と明るく応じ、社会生活にも適応できるようになった。

32歳のとき、通っていた翻訳学校のつてでテレビ番組制作会社に入社。しかし、そこは長時間労働、賃金の安さに加えいろいろな作業がざっくりしていてアバウト。「論理的な思考で仕事ができないから」と退社した。

ヨーロッパでの経験と語学力を活かして、34歳で電機メーカーに入社。さまざまな途上国を回るセールスの仕事で、東大卒という肩書きがものを言い、入社が決まる。上司からは「仕事ができる」と期待され続け、それにこたえようと仕事をする山中。ところが3人分の仕事を押し付けられ、人材の補充はない。それでも仕事をこなし、中途採用ながら管理職の一歩手前までになった。

「私には会社の中でえらくなりたい、出世したいという気持ちはなく、尊敬できる有能な上司の右腕でいたい、というのが望みでした。しかし、この会社では、それがかなえられないことがわかり、辞めることにしたのです」

とにかくアグレッシブに前に進んできた。しかし次第に「こんな生活をしていては、誰とも結婚できなくなる」という不安がよぎるようになったという。

「結婚したいという願望はありますし、仕事だけではない、ワークライフ・バランスの必要性を強烈に感じていました。転職サイトに登録すると、今の勤務先から『うちの会社で女性管理職として働きませんか』と誘いがあったのです。転職がスムーズに進み、現在は営業をしています。今の働き方が私にとってはベスト。会社から命じられて長時間労働をするような働き方は、もうしないと決めました」

山中にとって東大卒の肩書きは、他人が認めてくれる名詞代わりのようなもの。仕事をしたいと思っている人に有利に働くと考えている。また同じ東大卒女子ががんばっていれば刺激になり、「私も前に進もうという気にさせてくれる」と山中は言う。

「東大卒ということを含めて、いろいろな経験をさせてもらっている人間は、社会に恩返しをしなければいけない。後についてくる女性たちのために、しっかりやっていこうと思っています」

## 東大卒で頭のいいやつに会ったことがない

神奈川県生まれの小川良枝（37歳・仮名）が東大文学部を卒業しようとしていた2002年、世は就職氷河期。文学部とあって進んだ学科の半数は女子。クラスの大半が大学院に進む中、小川は、放送局か出版社に行きたいと、マスコミを目指した。

就職試験も難なく突破し、志望した放送局に入社を果たした。配属は営業局。広告代理店とやりとりしながら、広告をとるセクションで、男性でも過酷な職場と言われ、「女性社員は1年でつぶれていく」職場として有名だった。

「同期も上司も周囲はラグビーなどの体育会の出身者で、とにかく頭ごなしに怒られる。『女がいると迷惑なんだよ』と、面と向かって言われたこともあります。

さらに東大卒ということで、『東大を卒業して頭のいいやつに俺は出会ったことが一度もないよ』と、あからさまに批判めいたことを言われたこともありました。東大卒で女。そこを突かれていやな思いをしました」

当時の営業職は、取引先と飲みに行くことが必須だった。夜な夜な飲みに行って関係を築くという古い体質で、上司が帰宅しなければ自分も帰宅できない。

小川は酒をまったく受け付けない体質。それに加え、家が遠い。勉強が得意なだけとという東大卒への偏見。営業職にとって、いいとはいえない条件が重なっていた。飲めない分、食べることで存在感を示そうとしたが、それにも限界があった。

「なまじ飲める女性は、飲み会に付き合っては取引先からも、自社の先輩からもセクハラまがいのことを言われて疲れきっていました。放送局の営業は、元タレントのような美人も多かった。仕事を取ってくれれば、『美人だから仕事もらえて得してるね』。仕事ができなければ『女は使えないなぁ』。露骨でした。美人でない私は、むしろラッキーでした。東大卒ということで得したのは、いち早く名前を憶えてもらえたことくらいですね」

## 算数をするように仕事する

3年目になって職場に慣れた小川は気づく。ある男性の先輩が、仕事が何もないと、午後6時には退社。飲み会もオフィシャルな飲み会にしか参加せず、それでも仕事ができるので、まわりから認められていることを知った。

仕事とプライベートをきっちり分けても仕事はできる。その先輩の仕事のやり方を目指した。小川がやっている営業の仕事は、飲み会に出なくてもできた。体力で勝負しなくても目標を立てて考え、算数をするように数字を積み上げればいい。ゲーム感覚で仕事をすると、自然と結果がついてきた。

「算数は得意ですから（笑）。一般的に女で東大はブスとか、あれこれ言われるのは理不尽でした。肩身が狭かったけれど、へこんでいても仕方がない。営業部では、それまで女性が育っていなかったせいか、成績を上げたことでだんだん評価されるようになっていきました。扱う金額が大きいので、仕事はやりがいがありました」

## 東大卒を知らないママ友

あまりの過酷さにつぶれていく社員が多い中、小川は営業で数年間働き、希望していた別の部署に移った。比較的、教養のある人が多い部署だったので、東大卒だからといじめられるようなことはなかった。そして30歳のときに、かねてから知り合いだった東大卒、異業種の男性と結婚した。

「合コンは苦手でした。東大と聞くだけで『東大には入れても日芸（日本大学芸術学部）には入れないよな』というクリエイターの男性がいました。やはり結婚するなら東大の人が楽でした」

妊娠して育休も取得した。復帰した後、夫と双方の両親の手を借りながら仕事と両立させたが、夫の転勤に伴い、放送局を辞める決意をした。夫が単身赴任してのワンオペ育児の大変さや今後の仕事の課題を考えると、ここは夫のキャリア形成のほうが大事だと思ったからだという。

「東大卒の肩書きですか？　周囲の偏見に屈せずにがんばった営業時代は、結果的にプラスになったと思います。ママ友には、あえて東大卒ということは言っていません。フェイスブックを見ればわかるんですが、子育ての場でわざわざ学歴を言ってもしかたないので、黙っています」

今は子育てをしながらの充電時間と割り切っている。もうひとり子どもが欲しいと思っているからだ。仕事はしたいけれど、再就職してすぐに妊娠しては会社に迷惑をかかるだろう。だから今は「待ち」なのだ。子育てがひと段落したら、これまで培ったキャリアを活用して働くか、海外の大学に通いたいと考えている。

結婚し、出産し、一度家庭に入っても、復職したり……。あたりまえだが、東大卒女子とて、女性としてのライフサイクルは同じだ。就職氷河期から20数年たった今、それぞれの立ち位置で社会とつながりを持てるのはすばらしいと思う。

# 5章

# 東大の看板は捨てました

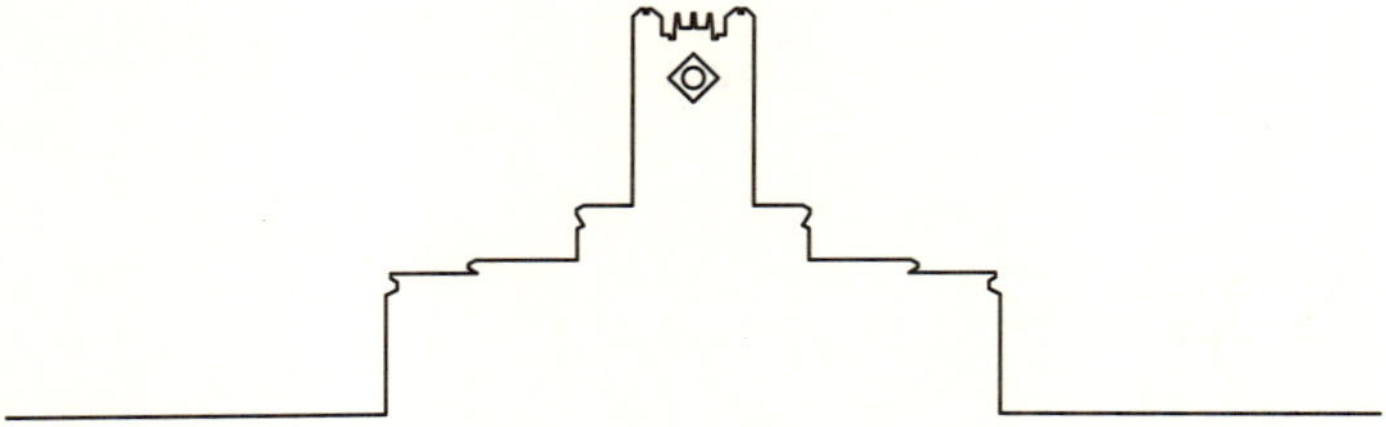

書くにあたっては、取材拒否にもあった。
ここで彼女たちに聞きたかったのは、
東大を切り札にしないで生きていくまでの軌跡だ。
悩みも葛藤もあっただろう。
それをどのように克服したのか。
彼女たちの覚悟を確認したかったのだ。

# テレビ局から寄席割烹の女将へ

## 田舎で遊んだ少女時代

外国人観光客で賑わうオタクの町、秋葉原にほど近い台東区。昭和通りの南側には、下町情緒が残る一角がある。夏の鳥越神社の例大祭ともなると、都内一の重さを誇る〝千貫神輿〟が町内を練り歩く。そこに寄席を定期的に開催する小料理屋「やきもち」がある。白い割烹着が似合う女将は、中田志保（39歳）。文Ⅲから教養学部を卒業後、日本テレビに入社し、37歳で退社して、「やきもち」をオープンさせた。

神奈川県秦野市出身。今やベッドタウンになって家も増えたが、中田が育ったころは、見渡す限り畑と山林が広がっている〝けっこうな田舎〟だったという。そこで3歳上の兄と、虫やサワガニをとって遊んでいた。

「両親よりも頼りになる兄の存在が大きかったですね。いつも一緒に遊ぶときにしていたのが、その辺に書いてある４桁、あるいはそれ以上の数字を加減乗除で合計10にする。昔はきっとみなさん切符を使ってよくやっていたと思うのですが、それをしてましたね。計算はそのゲームで自然に身に付きました。あとはお話を作るとか、ですね。兄は頭がよかったので、それに付随して私も成長したという感じです」

小学校のときから勉強はよくできた。制限時間30分のテストで、10分もあればすべて解けてしまうので、「残った時間に何もすることがなくて困った」という。暗記が得意。興味のある内容なら、教科書を2回読めば視覚的に覚えることができた。カメラアイの持ち主。

中学受験を目指したのは、小学校６年のときだった。兄が神奈川の名門・栄光学園に進んでいたので、自分も受験したいと思ったのだ。

「例えば兄がから揚げを10個食べたら、私も10個食べなければ損みたいな感覚でしたね。兄の部屋に置いてあった受験雑誌を見ていたら、全部カタカナで少女漫画に出てくるみたいな〝フェリス〟があって、ここに行く、と決めました」

両親に話すと「学校が遠く、通うのが大変なのでやめなさい。何より入るのに難しい学校だよ」と言われたが、決意は変わらなかった。なぜなら——。

「『私は絶対に東京で一旗揚げるんだ』。秦野の畦道でランドセルを背負い、そう思っていた小学生だったので、絶対に受けたかったのです」

それまでの習い事はピアノのみ。さすがに娘の決意を聞いて両親は塾に通わせた。けっして教育熱心な家庭ではなかったが、科学館に連れていくなど、知識欲を刺激する働きかけはしてくれた。

両親が子どもたちに望んだのは「私たち夫婦はとても幸せなので、たとえお金がなくてもかわいい子どもを持って幸せな家庭を築いてほしい」ということ。そんな両親の下、中田は神奈川県でもっとも偏差値の高い、中高一貫のフェリス女学院中学校に入学する。

## プチ挫折を経てコギャルに

中田がフェリス女学院に在籍した6年間は、コギャル文化が花開いた時期と合致する。中学校に入学した1992年は、女子学生にとって就職氷河期元年。かつてない就職難の時代がここから始まった。

念願だった学校に、中田は1時間半かけて通学し始めた。横浜の山手町にある、キリスト教信仰の学校生活は、秦野の小学生からみたら、あまりにまぶしく輝いて見えた。

ちなみに1996年に国際数学オリンピックで金メダルを獲った、ジャズピアニストの中島さち子は同級生。高校生以下の若者が全世界から集まって、数学の難問を解く数学オリンピックでの日本女子金メダリストは、中島しかいない。

「小学校では、ずっとトップを走っていたのに、フェリスには頭がよすぎる子たちがたくさんいて、びっくり。定期試験では、平均点すら取れなくて、私はこんなにダメなんだ、と落ちこみました。一気に勉強ができない層にいってしまったのですから。プチ挫折を感じました。それで中2になって、コギャルになったのです」

制服のスカートをミニ丈にしてルーズソックス。髪は茶髪。放課後になると、2、3人の友達と、コギャルが集まっていた横浜ビブレに向かう。何をするわけでもなかったが、たむろっていたという。90年代に入り、全国にコギャル旋風が巻き起こるが、それをいち早く中学時代に取り入れた。

フェリスは生徒の自主性に任せる校風で、強制して勉強させるようなことはしない。〝ギャルにあらずんば、人にあらず〟といった層は、全校生徒の4分の1くらい。地味な子と派手な子がいたが、見た目で人を評価しない雰囲気があり、それなりに双方ともに仲良しだった。

中田の成績はと言えば、真ん中より少し下にいた。中田自身は「勉強してない、勉強できていない」という自覚はあったが、特に何をするでもなかったという。

それが劇的に変化するのは、高1のとき。

## 高1で英語に覚醒

「英語の女性の先生がおもしろくて、勉強し出すようになりました。とにかく授業がおもしろい。先生がおもしろいと子どもって勉強するんですね。苦手だった英語の成績は半年で一気に伸びたのです」

勉強ができる少女に復帰した中田が東大を意識したのは、実にセンター試験の採点後のことだという。もともと私立文系で、前期は東京外国語大学を受けようと思っていたのだが、センター試験の成績がよかったことで急遽、東大の後期日程に願書を出した。

「前期は数学がありました。高1で数学をやめていたので受けられない。しかし東大の後期は足切りがあるものの、どうやら足切りにあわずに試験が受けられることがわかったのです。すでに東大に入学していた兄のアドバイスもあり、東大に願書を書き直しました。このときに初めて東大の赤本を開いたんです」

準備期間、わずか2か月での合格となった。

## 映像の世界へ

東大に入学してよかったことは、何より中高時代より通学に時間がかからなくなったことと、男子学生がいることだった。文Ⅲには、女子学院出身の女子が多く、フェリスとはノリが似ていて気が合った。

「友達は関東出身の子ばかりで、地方出身の学生とは、あまり仲良くなりませんでした。彼女たちは一生懸命勉強していて、遊ぶことしか考えていなかった私たちとは一線を画していました。将来的には映像、特に映画を勉強したかったので、当時学長だった蓮實重彦先生のもと、松浦寿輝先生など、そうそうたる教授陣に教わりました。当時はすごい先生に習っているという意識がなくて、今思うと、もっとちゃんと聞いておけばよかったと後悔しています」

大学2年の夏からは、映画やテレビの現場で撮影のアルバイトをした。『はみ出しＹｏｕとＰ・ｉａ』で映画スタッフ募集の記事を見て面接を受けに行くと照明の仕事がすぐに決まった。自分の体重の半分ほどの重さのライトを担いで、現場内を往復するようなきつい仕事だったという。それでも中田にとって「撮影現場は憧れの職場」だった。

映画の現場に出るまでは、時給850円のハンバーガーショップでのバイトだったのが、現場仕事は1日1万円の高収入。ロケ弁当もついていて、「こんなにおいしいバイトはない」と思った。東大生ということで、ネタにはされたが、それによって何か差別されたことはなく、女子だからと大事にされた。

「1年の3分の1がバイトで、たまに大学に行くと講義以外の時間は、図書館にこもって勉強しました。現場の人からは、『あと2年で卒業できるのなら、絶対に中退はしてはいけない。学歴は一生ついて回るよ』と言われていた。私も卒業だけはしようと必死でした。

東大生は留年が多いのです。私は自分の収入がないと自由になれないと思っていたので留年するのはいやでした。とにかくひとりで生きていけるだけの収入は手にしようと考えていました」

迎えた就活では、苦労した。もともと募集人員が少ない激戦区の業界。テレビ局、映像制作会社、広告代理店にまで範囲を広げたが、色よい返事はもらえなかった。

「商社や銀行ならば東大の名前が有利に働くかもしれなかったけれど、映像関係では役に立たなかった」

結局、最後の最後で、日本テレビの制作枠募集に応募。4週間毎日、日テレに通って番組を1本作るという研修を経て、入社が決まった。

同期入社は32人。東大卒女子は、中田とアナウンサー職の山本舞衣子のふたり。それでも女子社員は半数近くいた。配属先は志望したドラマ班ではなく、情報番組「ズームインスーパー」。そこでADに配属された。

「生放送だったので、よく怒られました。ガラスの灰皿が飛んでくることもあったし、自ら坊主になった男性もいました。でもそれが当たり前だと思っていた。東大だから、女性だから、という差別もなく、毎日忙しく過ごしてました」

1年後、待望のドラマ制作に移った。「ハケンの品格」「ホタルノヒカリ」などの助監督を担当する。

「ドラマの現場は、とにかく撮影が長いので、家に帰るのも深夜でした。収録中は集団行動で自分の時間はほとんどゼロ。おしゃれはしたいと思ったけれど、できませんでした。

生田スタジオの近くに12時までやっているドラッグストアがあって、メークは1000円くらいのコスメですましていました。

ロケの出発が新宿だったとき、会社に出勤するおしゃれなOLさんに会うんです。私はハーフパンツにスニーカーで腰にガムテープを下げていて。テレビを通して視聴者に楽しんでもらうという仕事は楽しかったんですが、私、30歳を過ぎてるのに、と切なくなったこともありました。初めてデパートで化粧品を買えるようになったのは、ディレクターになった32歳のときでした」

日テレには東大卒の女性社員がたくさんいる。そのため、東大女子だからと、いじめや性差別を感じたことはないが、ドラマに移った当初、外部の照明スタッフから言われた。

「東大出てるからって、全部に答えがあると思っているでしょ」

宿泊先のホテルで、他にも女性スタッフがいる中、雑談の最中に言われたのである。

「『そんなことないです』と答えたのですが、わかってくれたかどうか。私がまだ手順がわからなくて、うろうろしているのを見て、答えを探しているのかと思ったのかもしれません。高卒の人だって、大卒の人だって、何もわからない、ああいう状況ならうろうろしますよ。中1や中2の先輩後輩の関係性ならいざ知らず、東大だからという嫌味を言われたのは、あのときだけです」

## 35歳限界説

ところが人生はわからないものである。ドラマから突然、バラエティーに異動させられたのだ。ドラマのディレクターになったばかりだった。移ったバラエティーは、分業で作業するドラマと違って、取材先を決め、取材し、撮影し、編集まで、すべてをひとりでやらなければならない。基本的な技術もなく、毎日泣いていたという。

それでもやらなければならない。頼れる先輩を探しては、やり方を聞いた。「ヒルナンデス！」「スクール革命！」を経て、「笑点」の担当になった。

「落語は聞いたことがないうえ、自局の番組ながらほとんど見たこともありませんでした。名前を知っていたのは、（桂）歌丸師匠くらい。笑点は、これまで女性スタッフがまりいなかったので、初めてあいさつするとみなさんから『おー！』の声。当時のチーフプロデューサーがおもしろがって『彼女は東大卒なんです』と言うと、またまた『ほー！』と。私から見れば、やさしいおじいちゃん。みなさんはどう思っていたのでしょうか。収録のときに顔を合わせるだけでしたが、かわいがっていただきました」

しかし、また異動になった。

今度は制作現場ではなく、編成局だった。CM計算が主な仕事である。テレビ業界では、ディレクター35歳限界説というのがあって、中田が「笑点」を離れたのは、まさに35歳。ドラマでもバラエティーでも、総合演出になっていないと、現場にはいられないと言われていた。

編成に行けば、その先はきっと経営側の部署に入っていき、制作に戻れる可能性はない。会社員はやりたいことができるところではなく、会社がやりたいことをやらなければいけないところだと、このとき痛感した。

「推測ですが、会社は『キミは東大出たんだから、経営の側の仕事もできるだろう』と考えていたのかもしれません。でも、それをプラスに考えられなかった。これだけ制作の現場でキャリアを積んできたのに、会社は東大出たこととか、社歴でしか判断しないんだと悔しくて……。これ以上、会社に振り回されるのは限界、無理、無理、無理となってしまい、辞めようと決めました」

ちょうどそのころ体にも不調をきたしていた。虫歯になって歯医者に行くと、「免疫力が落ちて、唾液の質が悪くなって、虫歯になるのです」と診断された。

「私にとっていちばん大切なのは、自由なんです」

そう中田は話す。

自由を求める人間が、会社に縛り付けられて、自由人でいられなくなることが耐えられなかったのだろう。それまでよどみなく話していたが、制作現場を離れなければならなかったことを語るときは、言葉の切れが悪くなり、悔しさをにじませた。

「自分では、自己肯定感が強いほうだと思います。細かいことは気にしない。なるようになれ。若いころは、こうじゃなきゃいけないと考えていましたが、仕事をしていくうちに、世の中には思い通りにならないこともあるとわかってきた。社会の流れに身を任せて生きても、なんとかなるさ、って」

すべてを決めて辞意を伝えたとき、引き留めもなかった。大会社は、誰かが辞めても、誰かが入ってくる。その代わり上司は「思い切りがあっていいよな」とつぶやいた。

## 世の中をおもしろくしたい

日テレを辞めるにあたって、他局や制作会社に転職するという考えはなかった。制作会社に入って、安い給料でドラマの制作に当たるのにも違和感があった。他局に入ったところで、制作現場に行けるとは限らない。また同じように椅子に座って数字と戦うだけの日々も想像できた。

自分には何ができるかと考えた。落語家をたくさん知っていたので、他の仕事を新しく始めるよりは多少アドバンテージがある。では落語のイベント開催か――。

以前、「笑点」の仕事をしていたころに、知り合いに頼まれて、バーで落語会を開いたことがあった。酒を飲み、食事をしながら落語を聞きたいというお客さんが大勢詰めかけた。

「落語を楽しみにして来てくれるお客さんのための小料理屋を開きたい」

決まった。決断したら早い。以前、落語会を開いた浅草橋付近で、30人程度の客が入れる物件を探した。

料理は得意だったが、修業は必要だった。スピード感を身に付けるために、送別会を開いてくれた新橋の居酒屋の店主が「応援しますよ」と言うのを真に受けて、3か月間修業させてもらった。

「もともと人を楽しませたくて入ったのがテレビ局だったので、自分が作り出した場で、お客さんを楽しませたい。考えていること、やることは日テレ時代と一緒なんです」

店の名前は、落語の一席「悋気《りんき》の独楽《こま》」からとった。悋気とは嫉妬すること。つまりは「やきもち」。

2017年のオープンに当たっては、笑点の大喜利レギュラーメンバーの落語家衆が粋な計らいを見せてくれた。暖簾《のれん》は歌丸、幟《のぼり》は春風亭昇太が贈ってくれた。中田が笑点を担当していたころとくらべて激やせした様子を心配した三遊亭小遊三は帽子とマスク姿で店をお忍びで訪れ、「お小遣い！」と言ってぽち袋を差し出した。

店が軌道にのるまでは大変だった。自分の生活費すら出ない月もあった。売り上げから店の家賃を引き、残ったのは5万円。これで1か月生活しなければならない。コンビニのコーヒーを買うのも控えた。仕入れには自転車に乗って行った。1年経って、やっと儲けが出るようになってきた。店にきた30〜50代の落語好きの客が、噺をした落語家とビールを酌み交わしているのを見ていると、やってよかったと思う。

「東大を卒業するときは、まさか小料理屋の女将になるとは想像もしていませんでした（笑）。

32歳でディレクターになれたとき、これで人生安泰だと思っていたのです。当時付き合っていた恋人との交際は順調で、あとドラマのディレクターを3年ぐらいやったら、結婚して子どもを産んで、保育所に預けながら、事務方に移って仕事を続ければいいと、計画していましたから。わからないものですね」

肝心なことを聞かなければならない。中田にとっての東大卒の学歴とは――。

「学歴って通過点だと思うのです。そこを通過しただけなので、あまり意味はない。この店にいたっては、東大卒のメリットもデメリットも、何も関係ないですね。

でも若い女子たちには、勉強も仕事も、すべてにがむしゃらにがんばってほしい。通過点であっても、その瞬間、瞬間がんばっていなければ、自分で満足のいく人生は送れないと思います」

さて、中田の恋愛観はどうだろう。現在は、何ら婚活はしていないが、いつかは結婚したいという願望がある。

若いころは、東大生と言うだけで合コンでは引かれ、会社員になってからは飲み屋で「東大出てるのか！」と目の敵にされて、絡まれた。絡んだ相手は慶応出身の男性だった。

「合コンで、学歴を理由に引かれる人とは、そもそも付き合わないし、早めに無駄な男だとわかってよかった、と思いました。恋愛するにあたって、学歴は関係ない。これまで高卒の人とも、付き合ったことはありますが、長くは続きませんでした。

何度か、私は好きなのに相手にフラれたことがあります。自分ではわからないけれど、理屈っぽいところがあるのかもしれませんね。東大女子って、すごく話すんですよ。自分の思いを伝えたいがゆえに、人の話を聞かない。モテないのはこんなところに原因があるのかもしれない」

中田が男性に求めるのは、学歴ではなく、相手の思考と育ってきた環境。そして笑いのセンスが合っていることだ。

「どんなにむかつくことをしても、笑わせてくれたら、それですべてを許しますね。小遊三師匠が理想なんですが、おかみさんいるし（笑）。どこかにいるといいなあ」

「東京で一旗揚げたい」と願った少女は、今、東京という大地に足をつけて生きている。

# 「アート」に生きる

## 東大卒の両親

「フリーランスで、アートの世界で活動している東大の友人がいます。会ってみますか」

前出の中田に誘われた。映画研究会の仲間で、今でも連絡を取り合い、中田にとって自慢の〝がんばっている〟友人のひとりだという。彼女の名をググってみると出てきた。肩書きは「デジタルアーカイブ・コーディネーター」「アートマネージャー」「アート・リサーチャー」「事業評価」などなど。アートの世界で活躍している人だというのはわかるが、具体的にどんなことをしているかは、さっぱりわからなかった。わからないから興味もわいた。

彼女は大隈愛美（38歳・仮名）。アートイベントの打ち合わせの合間に時間を取ってもらった。アートの最先端を行く姿で現れると思ったが、メガネがよく似合うクレバーな女性というのが第一印象だった。

「私自身はアーティストではないので、ごくふつうです（笑）。仕事の内容によって会う人も違います。行政の人や企業の人にプレゼンをしたり、また商店街の人との話し合いだったりするので、そのときによっていろいろな格好です。アートイベントのときは、もちろんその場の雰囲気に合った服装で出かけます。私の仕事は一言でいうと、アートを介して、人と人とを結びつける仕事、というのがわかりやすいと思います」

仕事のことはおいおい聞くことにする。

まずは彼女のプロフィールを紹介しておこう。神奈川県生まれ。両親ともに東大理系出身で博士号をもっている。父は研究者、母は大学の教員。

物心ついたときから、きれいなモノが好きだった。娘の趣味を見抜いた母は、絵本を買って与え、展覧会があると、幼い大隈に教えた。その中から、「この絵が見たい」とねだって美術館に連れていってもらったという。

お絵描き教室に通い、小学校時代は、絵で入賞したこともある。子どものころ好きだったのは印象派などの色彩の美しい作家だった。その後、徐々に好きなものが増え、現代アートが好きになった。

「両親の教養レベルは高かったと思いますが、特にアートが好きというわけではありませんでした。私が美しいものや文化と呼ばれるようなものが好きだったので、絵本を与え、せがまれて美術館に連れて行ったのでしょう。『私たちは、教育しか与えられないので、がんばって学び、自立してやりたいことをやりなさい』と言われました。それでも内心は、娘にアートの道に進むよりは医者や科学者になってほしかったようです――」

知的好奇心を育てるために、大隈の母親は、絵本の他に、大量の本を与えた。小説、物語、百科事典など、さまざまな全集が何種類もある家だった。子どものころは読み聞かせも毎晩してくれた。

読み聞かせは言語能力を高めるとともに、想像力を刺激すると言われている。母の声は娘の精神を落ち着かせ、母娘のきずなを深めたようだ。やがて大隈は「これは何?」「どうして、なぜ?」と問いを立てることができる子どもに成長した。

小学校のころから勉強はできた。大隈は「ティーチャーズペット（先生のお気に入り）。ひいきされているのはわかった」と話す。今から思うと先生は何を意図したのかわからなかったが、自分の授業のノートとは別に、授業内容を全部記録しろと言われた。自分の好きな科目は、息を吸うように勉強する子だった。

桐蔭学園中学校に入学すると、過酷な受験を経験してきた同級生の中でも国語、英語、美術は抜きん出ていることを自覚した。

「将来は国際的な仕事に就きたい」と考えていた大隈は、英語は最低でも話せるようになりたいと勉強に励んだ。

そのかいあってか、大隈の学力は飛躍的に伸びた。得意科目であれば、1時間半のテストがあると半分の時間で終わってしまう。何もすることがなくて、ぼーっと暇を持て余していた。

あまり好きではない理系の科目はまあまあだったが赤点をとったこともある。自分がバランスよく器用に勉強ができるタイプではないと、はっきりと自覚した。とはいえ、得意の国語と英語はつねに全国模試のトップクラスだった。

「両親から東大に入りなさいと言われたことはなかったけれど、『高校でこの成績なら東大だ』と、学校からのプレッシャーはありました」

高校くらいまでは、アーティストになりたいと考え、そのため、美大受験も考えていたという。ところが美大受験の予備校に行ってみると、予想とは違った。一般科目はさほど重視されず、みな必死でデッサンを学んでいた。どうも自分のやりたいことと少し違う。

「アーティストは作品を生み出さなければ死んでしまう。私にはそこまでの情熱はないと感じました。とはいえアートに救われてきたのは事実で、アートにかかわる仕事はどうだろうか、と漠然と考え、しだいにアーティストや作品を生み出す人を支える仕事がしたいと思うようになりました」

東大受験と同時に、アメリカのリベラルアーツ（一般教養）の大学も受験した。4年間教養をじっくり勉強してから、本気で目指したいものを専攻するのもいいかと考えた。アメリカの大学では一般科目と同時に、美術の実技も学べると知ったからだ。アメリカの地方のリベラルアーツの大学も合格し、東大文Ⅲも合格。何を学ぶべきか迷いながらも、さまざまな文化体験の機会が多い東京という地理的条件の利もふまえ、〝せっかく〟受かった東大に進むことにしたという。

## ニューヨーカーは東大なんて知らない

東大は楽しかった。前期課程の教養学部では、自分の専門でない学科も受講できるとあって、心理学、脳科学、遺伝学、生物学、建築など、自分の好みの趣《おもむ》くままにありとあらゆる授業を取れるだけ取った。その分野の第一人者の授業が受けられたので、興味深く、その後の仕事でもかなり役立った。

「都内の進学校から来ている女子が多かったですね。そういう人たちの両親は東大だとか、大学教授、医者、弁護士など、親が教育熱心でアカデミックな人が多いと感じました。あとは地方の天才。地方出身の学生も大学教授の子どもだったり、地方の名士も多かったです。一方、そういうバックグラウンドもなく、自分の力で勝負しているハングリー精神豊かな友人もいました。同級生は、その3グループに大別できるかもしれません。それぞれがはじめて出会うタイプだった場合、あこがれやコンプレックスをお互いに抱いていたように思います」

文学部に進み、アートの仕事を目指すための学科はいくつかあったが、大隈が選んだのは美術史学科だった。東大の美術史科に進むと、美術館の学芸員になるには非常に有利だと聞いた。地方の美術館に就職して修業し、都心部の美術館や大学に戻ってくるというのが、定番のアカデミックなキャリアパスであった。

しかし、大隈がやりたい現代アートの知識はまた別。東大の学部では学べない。そのまま東大大学院の美術史学科修士課程に進み、在学中にさまざまな他大学におもむき、学べることは必死で学んだ。そこで出会った人たちから、現代アートの豊かさを学び、マイナーな道を選ぶもの同士、助け合うことの大事さを知った。それだけでは飽き足らず、修了後にアメリカのニューヨーク市立大学クィーンズカレッジの修士課程に留学して、現代アートの理論の研究をした。

「東大のメリットは、大学を卒業してから感じました。アートプロジェクトをプロデュースするときに、多様な分野の人とかかわるのですが、どんな分野であっても、東大の教養課程の授業で身につけた情報で、ある程度はコミュニケーションがとれます。現在のさまざまな社会状況に合わせ、専門的な知識を学ぼうと考えたときも、基礎的な部分はなんとなくはわかるので、新たに学び直すのにはさほど困難を感じません」

ニューヨークではマスターで学んだ後、グッゲンハイム美術館でインターンを経験した。その後、日本でアートの仕事をしたいと帰国した。現地で「東大卒であること」がプラスに作用したことはほとんどなかった。何より、ニューヨークの人は東大なんて知らない。先輩には世話になったが、外国赴任者で構成する、在ニューヨークの東大同窓会には、出席することもなかった。東大人脈を使うことはなく、11年に帰国した。

## 街づくりとアート

さて大隈の仕事について深く聞いてみた。

美術館やギャラリーといった既存の施設で行われるのではなく、より社会に開かれた現代アートのシーンで開催されている、地方芸術祭やアートと地域振興や、社会課題の解決を目指したプロジェクトのマネジメントやプロデュース、コンサルタント業、と言えばわかりやすいか。分野としては、アートマネジメントというそうだ。東京では東京文化発信プロジェクト室（現・アーツカウンシル東京）でのプログラム・オフィサーを経て、六本木アートナイト、ヨコハマパラトリエンナーレ2014など、数々のアートプロジェクトに携わっている。

「東京文化発信プロジェクト室は、オリパラ招致用にできたセクションなんです。ロンドンオリンピックのときから文化オリンピアードといいますが、オリンピックはスポーツの祭典であるだけではなく、文化の祭典でもあると位置づけられています。特にロンドンオリンピック以降、オリンピックをやるときは、美術館などの文化施設だけではなく、町の中でも文化的行事を増やして、豊かに展開していくことが重視されています。

日本でも2020東京オリンピックに向けて、その活動を盛んにしようとしています。私もその活動にかかわっています。アートマネージャー、キュレーター、プロデューサーなどと名乗るときもあります。アートで人と街を結ぶ。分野としては新しい職種だと思いますし、はっきりと名付けることも難しい。小規模プロジェクトから大きな文化事業まで現場経験をつみ、フリーになって3年。今では行政から直にコンサルタント業務などを依頼されるまでになりました」

地方創世の意味から、地域の中にアートイベントを立ち上げて活性化させていくプロジェクトは今注目を浴びている。イベント自体は、企業、行政、アートNPO、地域の商店街、学校など、さまざまな団体がかかわり実施される。主たる財源は行政からになるが、アートもわかり、現場の気持ちを組んで調整し、行政事業として成立するように調整する大隈のようなマネージメント能力のある人が必要なのだという。

「私の仕事はアート団体や街の人、行政との間に立つ中間支援と呼ばれることもあります」

地域の人々と、アーティストがどの場所でどうやってコラボレーションするか。それを企画し、区や市、都や県、文化庁など行政に対してプレゼンし、通れば助成金をもらってさまざまなプレイヤーとともにイベントを実現していく。

さらにイベントが終了すると、その事業評価も行うのが熊谷の仕事だ。

「帰国したときに、美術館に入ろうと思ったのですが、どこも上が詰まっていて若手が入る余地がなかった。こういう状況が長い間続き、タイミングも実力もないと入れない。入れた人は相当ラッキーだとも思います。私もアルバイトとしてしか採用されず、苦労しました。今もアートの世界に生きる人たちは、みんな仕事の仕方を模索しています。私はいっそ新しい仕事の仕方を作りたいと思っています」

アートにかかわる新しい仕事とはなにか、詳しく聞いてみた。

「私たちは行政からお金をもらって公益性のあるイベントをするわけですから、アカウンタビリティー（説明責任）を果たさなければなりません。文化、芸術ってお金の無駄遣いと言われることが多いのです。数値化の難しい価値をどうやって共有していくのかが難しい。だからこそ自らも事業を評価するわけです。私のようにフリーで働き、新しい仕事を作っている人はまだ少ないですが、同世代には力強い仲間も増えてきたなと感じています」

アートプロジェクトをやっている人は、商店街の人たちと、アートの可能性をわかってもらえるように何度も話し合う。ただそれがうまくいかないこともある。どうしたら街に人が集まるか。街が元気になるか。何より地元の人々をどうやっていきいきさせられるか。それを受け入れる街の人や、プログラムを考えるアート活動団体とともに考え、作っていくのが大隈に課された仕事だ。

噂を聞いて東大の友人たちからはエールがくる。

「大隈がなんかおもしろいことをやってて、こちらも勇気をもらえる」

「東大卒女子で起業している人はあまり多くないので、めずらしいのでしょう。生活の質を考えると、幸福追求の意味からも、文化的な生活が必要です。日本は経済優先の政策なので、文化、教育、福祉などの予算が削られていく傾向にあります。ですからいろいろな分野の人たちと連帯して、人間にとって根源的に必要である文化を守るべく、これからもやっていくつもりです」

仕事も軌道にのり、そろそろ会社にしていくところまで来たという。

## 「頭がいいから成功するんだね」

基本的に仕事をするときに、東大卒であることは明かさない。日常的な意味では東大はまったく関係ないという。

「行政との仕事では、東大卒であることは配慮されているかもしれませんね。直接的にはわかりませんが」

フェイスブックのプロフィールには東大であることを載せているので、たまに友達からは、「東大なんだね」「そだね」というやりとりはあるが、普段の生活では東大を感じない。ところが、プロジェクトを一緒に組んでいる外部スタッフの女性から言われたことがあった。

「大隈さんのような動きや、仕事の発展ができるのは、大隈さんが頭がいいからですよ」

「それは違いますよ。頭のよしあしでなく、覚悟を決めて物事に向かっているだけ。能力や学力じゃなくて、いかに腹をくくってやってるかということじゃない?」

「違う。あなたが特別だからできるんですよ」

そこで彼女とは、コミュニケーションを閉ざしてしまった。

「世の中には、いろんな人がいるからすばらしいと思っています。仕事をやる限りは、なるべくおもしろい仕事をしたいので、仲間からは特別視はされたくない。誰もがコンプレックスを抱えて生きています。でもコンプレックスを本気で解消しようと思ったら、何歳からでも学び直せばいいと思うのです。『私は頭がよくないから、学歴が足りないから、できない』と思ってほしくない。さまざまな社会的な状況から学び直すのが難しい人がいるのもわかります。だからこそ、私はともに学ぶための気軽な勉強会なども主催しています」

東大で学んだことは役に立ったが、学歴が役に立ったことはない。

アメリカから帰国後、大隈は、美術館の学芸員の就活で落ちた。その後に受けた財団の仕事でも、履歴書を送ったが落ちた。そこで人づてにアルバイトから入り、経験をつみ、その後やっと再試験を受け、非常勤社員に採用されたという。

「キラキラした学歴ははたから見たら有利に働くと思われがちですが、美術館の学芸員や研究職の人には、東大卒が当たり前のことなのです。スタートラインに並ぶだけ。一方でアートの現場で制作をする場合には頭でっかちでは使えないのではと思われて、不利に働くこともある。逆に東大だからと下駄なんてはかせてもらえません」

ニューヨークでの4年間の経験でわかったこともある。アメリカは大学ごとの、分野ごとのコミュニティーなど、いくつものコミュニティーができあがっている。

「キミが望んでいる仕事に就くには、これくらいの学歴がないとだめです」

そうきっぱり言われる。また、学歴もさることながら、それまで何をやって、どうやって自分を磨いてきたかが問われるという。そのため留学しても、希望する仕事に就けず日本に帰国してしまう人のほうが圧倒的に多い。

「特に現代アートの世界では、英語が話せて、海外の論文が読めて、海外の会議でプレゼンテーションできるのがベーシックライン。東大卒とか、どこの大学を出ているなんて関係ない。広い分野で仕事をしたければ、これからはベーシックラインのレベルにいっても困らない能力をつけようとしたほうがいいです」

## 自分が、何をやりたいか

さて、国内外でたくさんの経験をしてきた大隈が結婚した相手は、どんな人だったのだろうか。東大卒男子ではなかった。

大隈が相手に求めたのは「人柄と、本質的に頭がいいこと」。学歴ではなかった。

「私にとっては、仕事でもプライベートでも付き合う人が世の中に対して批判的な目と好奇心をもって、自分なりに生きているかどうかが重要なのです。学歴があってもさほど考えずに漫然と生きている人はいっぱいいます。さいわい私のことを理解してくれるパートナーを得ることができ、公私ともに、魅力的な人がまわりにいっぱいいて幸せに暮らしています」

結婚して3年目。専業主婦になる選択肢はない。大隈の働き方は、専業、兼業でなく、自分の仕事をして、自分の時間をどう生きるか、だと話す。

「結婚して出産して、私だけキャリアが中断するのはおかしい。それぞれのキャリアプランの中で、どうやって家事をするべきか。どっちがスローダウンするか、それを今から話し合っています」

若い世代に対してアドバイスしてほしいというと、

「自分は何がいちばんやりたいかを考えること。そして、世の中にはいろいろな人がいて、社会には問題があふれていて、困難な状況の人がいることから目をそらさないでほしい。よりやさしい社会を作るために戦ってほしい」

そう返ってきた。

自分のやりたいことと、人生においての優先度。それを考えてそのときの能力に応じて、できることを選択する。その結果として相手から選ばれるはずだ、と。また社会につねに批判的な目を持つことこそが、新しい仕事づくりにつながる。自分の軸さえしっかりしていれば、いずれ自信も実力もついてくる。

「すべてのチャンスを生かすためには、今、自分は何をすべきか、社会に何が必要かを、いつも考えて行動するしかないですね。苦しかったり悩んだときこそ、現代アートを見て、小説を読んで、映画を観て、自分がどうしたいか考えてほしい。目に見えない大事なことを感じて、表現してほしいですね」

東大はいい大学だと思う、と語る。なぜなら大人になってから、あのレベルの授業を受けようと思うと大変なコストと時間がかかるからだ。そういう意味で、国立の授業料で勉強できたのはコスパがよく、どんどん目指してほしいと思う。そして東大では友達をたくさん作ること。

「終身雇用制が崩れた今、東大の友人は、将来、自分の財産になりますから。学生時代にいい仲間とさまざまな議論を交わしたことは今でも忘れません」

大隈は「表現者がいない社会であってはならない」という考え方だ。アート表現だけではなく、街づくりとともに、今後は社会を豊かにするアプローチをしていくつもりだという。

生き方は、自分自身の問題だけれども、社会へとつながる道でもある。小さな活動が、さまざまな人に届き、彼らをエンパワーメントしていき、それが地域や社会を豊かにする。そのための手助けをする役割を、大隈は担っていきたいと考えている。

# 東大卒も利用する

## ケイコ先生は今

雨の六本木。待ち合わせした喫茶店に、浪曲師、春野恵子がやってきた。春野というよりは2000年から1年間放送されていた「進ぬ！　電波少年」の、あのケイコ先生といったほうがわかりやすいか。幅広の黒い帽子を目深にかぶっているため顔は見えないが、芸能の世界に生きる華やかな雰囲気を醸し出しているので、一目でわかった。

「お話をうかがって、何かおもしろい企画だと思ったのです。今さら東大卒もないのですが、浪曲のためなら、使えるものはすべて利用しちゃえ、という気持ちなんです」

浪曲界に入ったばかりのころは、東大卒の看板はいやだった。

「あの〝電波少年〟でおなじみの、東大卒のケイコ先生です」

初舞台のときから司会の人に言われ続け「そこで勝負してないのに」と憤《いきどお》っていたという。入門してから15年経ち、公益社団法人浪曲親友協会理事に名を連ねた今、わだかまりは消えた。前面に押し出したり、隠したり……。春野にとって東大はどんな意味を持つのだろうか。

生まれたのは、東京だが、4〜6歳までアメリカ・テキサス州ダラスで過ごした。1歳上の姉とガールスカウトに入り、外では英語、家族とは日本語で話し、ダラスでの暮らしは「今思い出しても楽しかった」という。

小さいころから春野の母が姉妹に言っていたことがある。

「結婚や出産は、自分の好きにしたらいいけれど、一生経済的に自立していける仕事を見つけなさい。経済的に自立していれば、自由な人生を送れるはず」

母は若いころ、ジャーナリスト志望だったが、女の子が勉強しても何の役にも立たないという祖父の考えに阻まれて、好きな仕事に就けず、22歳で結婚したという。その後悔からか、姉妹には早くから「自立」を促した。

「姉はつねに優秀だったのですが私は〝ボケイコ〟と家族から揶揄《やゆ》されるほど、ぼーっとしていました。小学校でも毎回通信簿に〝忘れ物が多い〟と書かれていたような子でした。

白百合学園中学校というと、深窓の令嬢なんて勘違いされるのですが、我が家は経済的には中流家庭。姉が通っていた女子学院（JG）を目指していたのですが、JGを落ちて白百合に行ったのです。落ちたときは、お姉ちゃんは頭がいいけれど、私はそうでもないんだ、と悟りました（笑）。最初はキリスト教の学校なので戸惑いましたが、入ったら入ったで楽しくて、演劇部で英語劇を演じ、バンドも組んでました」

小学生のときから、芸能の道に夢を抱いていた。卒業文集には「歌ったりお芝居をすることを仕事にしたい」と記している。その思いは高校でも続いていたが、「芸能界に入りたい」と同級生の前で言うのは気恥ずかしかった。

「芸能の家に生まれたわけでもなく、本当は芸能の道に進みたいけれど言えない、という抑圧されたパワーを、何に捧げようかと思いました。そのときに出てきたのが、もともと好きだった相撲だったのです」

祖父母の家で見る大相撲は魅力的だった。中学を卒業して弟子入りするニュースに興奮した。

「なぜ私を男の子に産んでくれなかったの」と言うくらいの大ファン。女子は力士にも、行司《ぎょうじ》も、床山《とこやま》にもなれないことが悔しかった。

当時は益荒雄《ますらお》が大旋風を巻き起こしていた。春野は早起きして、登校する前に、学校とは逆の方向の電車に乗り、朝稽古を見学しに行く。出羽海部屋、大島部屋――。東京場所のときは両国国技館の前で、相撲を終えて出てくる力士を出待ちした。朝稽古を食い入るように見つめる制服姿の女子高生の姿は、異色だったに違いない。親方と力士の師弟関係、地道に修業を重ねて生きていく世界にあこがれたという。

やがて高校の進路相談になり、志望大学を聞かれた。

「第1希望、東京大学。第2、第3希望なし」

と言う春野を前に、相撲好きを知っている教師は言った。

「お相撲さんには女子大の子のほうがモテるんじゃやないの」

「成績は真ん中。あの子は優秀だよねと言われるタイプではなかったので、先生は浪人生を出したくなかったのでしょうね。でも成績がこのくらいだから、この大学にするという考え方は嫌いだったのです。東大は自宅の近所で、身近にありました」

そのころ、相撲界では筋トレやスポーツ心理学を取り入れて稽古する霧島、舞の海のような力士が出てきていた。春野は相撲界にあこがれるあまり、スポーツ科学をもっと相撲界にも取り入れたらどうかと考えるようになっていた。

「私がその先駆者になりたい！　東大を受験する姉の赤本を読んでいたら、教育学部でスポーツ科学を勉強できることがわかったのです。それで、もうこれは東大に行くしかないと一直線。もともと親から、あれこれ命じられても動かない性格で、ピアノなどの練習も、好きでなければ続いたためしがなかった。自分の中から湧き出す情熱がなければ、てこでも動かないから、東大を目指してやるしかなかった」

## 受験はゲーム

受験勉強中は、朝6時に起きて、夜寝るまで、ご飯とお風呂とトイレ以外は勉強した。ストレス解消は、歌うこと。谷村新司のCDをかけて大声で歌った。

「私は典型的な、努力型です。集中力だけは、人より秀でているかもしれません。受験ってゲーム的なものだと思っているので、まず考えたのは攻略法です。試験の当日までに、何をしたらいいのかを、逆算して考えました。受験体験者の本をいろいろ読んで、自分に合っている勉強法を編み出していきました。

それでも高3夏の模擬試験はF判定。母と姉は『だめかもしれないね』と泣いていたようです（笑）。私は、『まだそんなにやってないんだからしょうがないや』と焦るでもなく、むしろ逆に燃えました」

集中力で勉強を続け、文Ⅲに合格した。東大に入り、いちばん言われたことは、「地頭がよかったんだね」「お姉さんも東大だし、DNAがいいんだ」。

「これは本当にいやでした。だって私、友人の電話にも出ないくらい勉強した。友達からは『ついに恵子はおかしくなったらしい』と言われるほど勉強したんです。なのに、地頭がいいからで片付けられることには納得がいきませんでした。東大合格は、私の努力ありきで勝ち取ったものでした。だからこそ合格は嬉しかった。入学した同級生たちと電車の中で、『私たち、本当に東大に合格したんだよね』と言いながら、みんなで円になって、お互いに学生証を見せ合って喜び合いました」

## イチョウが散る前に

東大でのキャンパスライフは楽しかった。高校時代に「夜中12時に帰る姉」を見て、「不良になった」と思っていた春野だったが、自分もまた、毎晩のように午前様だった。

お菓子を持って公園で集まって、クラスの仲間と語り合ったり、カラオケに行き、歌いまくったり、よくある大学生。東大内にいる間は、外部からの〝東大女子なんて!〟という陰口をたたかれなくてすむ。そのため、東大同士で交際するケースが多い。6割近くにも上るというデータもある。

「東大女子の間で、1年生のイチョウが散る前に彼氏ができないと、4年間できない都市伝説のような言い伝えがあった。私も同級生と付き合いました。東大卒業までの彼は、ふたりとも東大生でした。でもそれは当時は出会いがそこにしかなかっただけであって、相手に東大の肩書きを求めていたわけではありません」

3年になり、教育学部体育学健康教育学科に進む。いよいよ相撲界にスポーツ科学を導入するきっかけの研究に向かうのかと思われたが、どうやらそれは「受験のためのモチベーション」だけだったようで、歌って芝居のできる仕事への夢は、捨てがたかった。バンドを組み、芝居も続けていた。

就活1年目。就職先が決まらなかった。仕方なく2単位だけ残して留年した。

「『東大女子は扱いづらい』みたいに言われていることもあったのでしょうか。それとも単に私が優秀じゃなかっただけかもしれないのですが、就職できなかったのです。就職氷河期ということもあったかもしれませんけどね。

それでも大学5年目で初めてわかったこともあった。単位取得のプレッシャーから解放されると、純粋に授業を楽しめるようになった。美術史や家族論、あるいは柴田元幸先生や蓮實重彦先生の授業をふつうに受ける日々。あらためて東大ってすごい先生がたくさんいたんだとわかりました。早く気づけよ、という話なんですが。

5年目は、時間をかけて本が作れる小さな出版社に就職しました。その会社で東大卒は私が初めてでした」

就職はしたものの、勤めながらエキストラのバイト、シェークスピア劇への出演などを続けていた。しかし、25歳になった年についに大きな決断をする。

「1回だけの人生、やりたいことをやろう。やらないで後悔はしたくない」

ここでも湧き上がるエネルギーが春野を動かした。

無職になった春野は、バイトを掛け持ちした。茗荷谷の駅ビル内の飲食店などで4つをはしご。日本海庄やでは、歌手のナオト・インティライミとも一緒に働いていたという。

「お芝居をしていたので、チケットを売る必要があって、友達を作るためにバイトしていたといっても言い過ぎではないです。

バイトのときは東大卒とは絶対に言わなかった。最初に東大卒と言ってしまうと、みんな違う目で見てくるのです。東大卒の人って、というあの先入観。言ったとたんに、東大出の人、としか言ってくれない。それが切なかったので言いませんでした。なんで、東大ってそんなに大きいことなの？　という思いでした。親しくなって、この人は大丈夫だとわかって大学の話になってときに、初めて東大を口にしました」

## 「電波少年」の反響

春野を一躍有名にしたのは、前述の〝ケイコ先生〟だった。芸人の坂本ちゃんを春野が家庭教師で特訓して、東大に合格させようという電波少年内の企画「電波少年的東大一直線」だった。

「芸能界への足掛かりをつけたくて芸能事務所に履歴書を送り、オーディションも受けていました。するとある番組の企画で高学歴の女性を探しているという話を聞いた事務所の人が、東大卒の女性の履歴書が送られてきていたことに気づき、私に連絡がありました。電波少年だとも、何も聞かされずにオーディションに行き、しばらくして出演することが決定しました。東大卒だから合格したのかはどうかはわかりません。東大を目指すのだから東大卒の家庭教師のほうがよかったのでしょう」

芸人の坂本ちゃんとふたり、四谷のマンションに閉じこめられた。8か月間で、東大に合格させるのだが、試験の選択科目も勉強計画も春野まかせ。

坂本ちゃんは芸人だけに、おもしろければいいんじゃない、という考えで、「東大なんて行けるはずがない」と本気で勉強しようという姿勢が見られなかった。このままではいけない。1パーセントでも可能性があるなら、それを信じてがんばろうと、話し合った。まずは自信を持ってもらうことが大事。

成功体験をつけるべく1週間ずっと因数分解の問題を解いてもらった。すると最初はまったくできなかったものがスラスラできるようになり、坂本ちゃんも「やればできるんだ」という実感を得てやっと本気になってくれたという。

「閉じこめられて彼氏とも連絡取れないし、私自身も坂本ちゃんを合格させなきゃ、と精神的に追い詰められました。とにかく受かる可能性を信じてやるしかなかった。

結果的には東大は受験科目が多いこともあってか、センター試験の結果で足切りがあるので、受験することはできませんでした。その後、私立大学まで受験校を広げて、8つの大学に合格。その中から日大に進学しました。最初から科目の少ない私大狙いでいっていたら、もっと上位の大学に受かっていたかもしれません」

番組終了後も春野は、フジテレビ「救命病棟24時」などに出演し女優、司会、バラエティーにも活動の場を広げた。しかし、このままタレント兼女優でいいのか。また自分の中で迷いが生じていた。

視聴率30％のお化け番組でついたイメージはなかなか取れるものではない。

「番組の力でポンと名前と顔が売れてしまったので、このままでいいのかとずいぶん悩みました。番組で一緒になった立川志の輔師匠からは、『女優さんには一本芯のようなものがなければいけないよ』と。私には芯はあるのか――」

そんなときに、出会ったのが浪曲だった。まったく浪曲を知らない世代だ。これって何？　何もわからず聴いているうちに、たちまち浪曲に魅せられた。三味線が入り、独特の節回しとセリフで物語を聞かせる浪曲。浪花節とも言われ、明治時代から戦後にかけて隆盛を誇った落語、講談とともに並ぶ大衆芸能。二代目広沢虎造の「清水次郎長伝」、二葉百合子などが有名だ。

「圧倒的な迫力で迫ってくる浪曲は、圧巻でした。ミュージカルと時代劇が大好きだった私は、浪曲師は一生をかけられる仕事ではないか、と考えるようになったのです」

## 一生をかけられる仕事

決断が速いのは、春野の長所だろう。2003年、女流浪曲の第一人者、二代目春野百合子に弟子入りするために大阪に移り住んだ。決意の表れを示すため、自分で髪をバリカンで3ミリ刈りにした。住まいは大阪・岸和田のウィークリーマンション。

「一生かけてやろうと思ったことに出会えて、ゼロからスタートしようと思いました。ケイコ先生も東大卒も周囲には絶対に知られまい、言うまいと思いました」

師匠にさえ言わなかった。

「お前は浪曲師になる前に何をしていたんだい？」

「ちょっとお芝居をやってました」

「大学は出たのかい？」

「四年制の大学を出ました」

嘘にはならない程度に話した。それまでの人間関係も捨てて入った浪曲界。静かに修業を始めたかった。

ところが06年、初舞台になってみると、マスコミの取材がやってきて、ケイコ先生であることが知られてしまう。舞台の司会が、東大卒をあおるように紹介するのがいやだった。しかし次第に浪曲の舞台への出演を重ねるうちに、東大卒のケイコ先生の亡霊は消えていった。

「08年のこと、品川駅である有名歌手の方に偶然お会いして、その後、お礼のメールをしたのです。『浪曲という人がやらない、ある意味マイナーな世界に……』と私が少し謙遜して送ると返信が来ました。『では、あなたが浪曲をメジャーにできるようにがんばってください』。頭をガツンとやられた気がしました。

マイナーだからカッコいいというような気持ちが少しあったのかもしれません。そのことにこの言葉で気づかされ、それからはもっと浪曲をたくさんの人に聞いてもらいたいと、新作浪曲、ロック浪曲など、積極的に新しい企画を考えて実行していくようになりました」

春野は、たとえ話をする。

「もし当時の私が1000人のお客様の前に出て行ったら、『わぁ、ケイコ先生だー』とは言われても、それで、『以上おしまいっ！』だったと思うんです。そうではなくて、私を全然知らない人ばかりでも、目の前にいてくださる1000人のお客様に、心から楽しんでいただける、そういう本物の芸を身につけたいのです」

今では1年間でおよそ200ステージをこなす浪曲界でのトップスターのひとりに数えられる存在になった。13年にはニューヨークで浪曲の公演を行い、本邦初の英語浪曲も披露した。お約束の、東大卒のメリットについて聞いてみた。

「東大とはまったく関係のないところで仕事してるからなあ——」と言いつつ、強いてあげると、経営者を対象にした講演依頼が来ることを挙げてくれた。

「私は浪曲師を15年やってきたことへの評価だとは信じてるんですけれど……」

「次から次へと目標を立ててクリアしていくのは、東大女子の習性ではないかと思う。それでちょっと息切れしてしまうこともあるけれど、そうしたら少し休んで、またやればいい。自分でやりたいことをやれる幸せってありますね。

浪曲をやりたいという若い子も増えてきました。じわりじわりと広がりつつあります。それががんばってきた何よりのご褒美です。東大卒のメリットは、あったかなかったかわかりません。たぶんなかったんじゃないかな」

浪曲というやりたいことをやり、その収入だけで生活できている春野を、母親は心強く思っているだろう。

東大の看板に関係なく、自分の進む道を選んだ女性たちのパワーに圧倒された。彼女たちにとって、東大はステップ1。このステップを経るだけの、努力とがんばりがあったから今がある。

# 6章

# 勉強したほうが幸せになれる

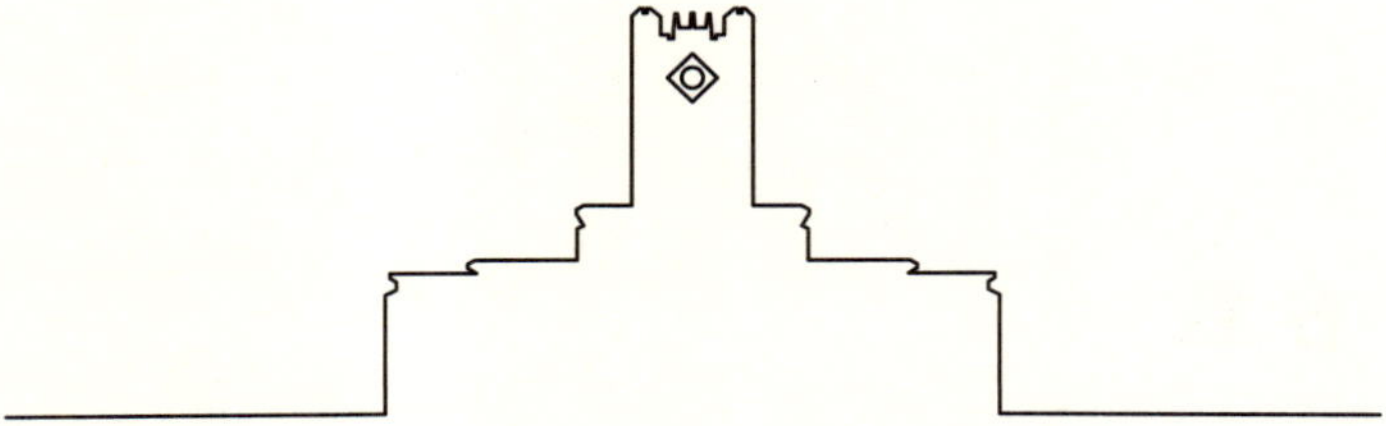

女子は手に職を持って働きなさい――。
そのためには、早い時期から目標を決めて、勉強して、
就きたい分野の勉強をしたほうがいい。
若ければ若いほど、
かわいい子は特に、搾取されやすいから。

# 東大は誰のもの

## 敗戦直後の東大女子

「女子教育刷新要綱」が示され、1946年に女子学生に東京大学の門戸が開かれた。東大「男女共同参画オフィス」によれば、最初の女子受験者は108人。東京女子大学、津田塾専門学校、日本女子大など女子大学からの受験が多く、すでに立派な学歴をもっていた。そのほか、すでに職業に就いていたり、結婚して子どもを持っていた人もいたという。それほどまでに女性たちは、学びたいという知識欲、学習欲に満ち溢れていたのだ。

初年度の合格者は19人。全入学者の2・1%。内訳は、文学部9人、法学部3人、経済学部3人、理学部1人、農学部1人。

入学式の様子を「帝国大学新聞」は次のように伝えている。

背水の陣の他帝大からの転入者、軍学校出身者、初めて帝大に入学を許される女子を含めて専門学校出身者とおよそ帝大始まって以来の雑多な群が講堂につめかける。……遠い彼岸のやうに思っていた帝大入学という夢が急に現実に眼の前につきつけられた、ものめづらしさと真剣さ、別世界に入った一種の憧憬が喜びをおさへた緊張の雰囲気をかもしだす女子新入生は流石に面映ゆさうに一箇所にかたまる。

東大女子はこのときから始まった。

女性問題、教育、高齢社会など、評論活動を行っている、東京家政大学名誉教授の樋口恵子（86歳）は、現在、NPO法人『高齢社会をよくする女性の会』理事長を務めている。新宿にある同NPOの事務所に週に1、2回通い、ミーティングや地方の講演会に忙しい。テレビのコメンテーターとして画面に出ていたころとなんら変わりはなく元気だ。この日も、新聞記事の原稿チェックに取りかかっていた。

樋口は、1946年の学制改革で始まった、現在の『6・3・3・4制』から7年後、東大文科Ⅱ類に入学した。中学時代1年半の間、結核で寝たきりの生活を送り、お茶の水女子大学附属高等学校で受験勉強に励んだ。

「当時大学に行こうとする女性のパーセンテージは、とても低く、大学に行って何になる、という考え方が主流でした。統計を見ても、女子には短大が向いていると言われた時代。でもこの高校は学年の2割くらいが東大を受けるので、その点とても居心地がよかったです」

樋口の父親は考古学者の柴田常恵。大学人とあって、女性であっても大学教育を視野に入れていたという。

「貧乏学者でしたが、子どもの教育費だけは惜しみませんでした。頭のよかった2歳上の兄に対し、父は『東京の帝国大学に進めばいい。恵子は女子大を出て東北帝国大学に進めばいい』と言っていたのをたまたま聞いてしまったんです。兄は東京で、私は遠く離れて寒い仙台？　と少しショックでした。戦後になってわかったのは、当時東大は女子の入学が禁止されていたこと。一方で東北大学は、九州大学と並んで女子の入学を認める2つだけの帝国大学だったと知って納得しましたけれど」

樋口の家はさほど裕福ではなかったが、英語の個人教授をつけてもらい、予備校の講習を受け、行く先々で出会う他校の生徒とも知り合い、楽しい受験生活だったという。東大の入試倍率は約7倍。倍率だけは今よりずっと難関で、合格した約2000人のうち60人ほどが女子学生だった。樋口もその難関を、晴れて突破した。

母親はただただ喜んでいたが、父親からは「結婚の範囲は狭くなる。相手が東大出じゃないともらってくれないぞ」、さらに「お茶大のほうがよかったかもしれない」とも言われた。父親は母校の教師になること以外、娘の進路に想像力が働かなかったらしい。

樋口の世界は広がった。東京だけだった友人関係も、地方から出てきた同級生に広がっていく。地方出身の、ある女子学生は驚いて言ったそうだ。

「私は懸命に勉強してきたのに、東大の同級生は小さいころからピアノも弾ける、女だてらに麻雀している人もいる。カルチャーショックだった」

樋口は逆に、地方出身者の小ゆるぎもしない自信に圧倒された。また、女子だけの世界から、男女共学へ。人並みに戦後の時代を経験し、憲法の変化、民法の変化、主要な法の変化などは身に付けていたつもりだったが、大学に入ると、男子はすごいなという場面にも直面した。男性のすごさを感じたのは、行動の自由があること。今すぐにも日本一周の旅に単身出発できること。逆立ちしてもまねできないと思った。

小さいころから「新聞記者になりたい」と思っていた樋口は、迷いもせずに東大教養学部報という、学生新聞を発行するサークルの門を叩いた。新聞記者は中学生のころからの夢で、学者には向いていないと自覚していた。生の現実と向き合いたかった。学校新聞の編集者に指名されて活動していくうちに、周囲から「新聞記者に向いている」と言われ、将来は朝日新聞などの、新聞記者になりたいと考えていた。

新聞部の部室では、1年しか違わない上級生が何人かたむろしていた。のちに直木賞作家になる井出孫六《いでまごろく》もいた。

「美人でない女子学生でがっかりしたようでしたが『我が部に初めて女子が入ってくれた』と歓迎してくれました。続けて誰かが『これで掃除と会計をやってもらえる』と言うのです。東大におけるジェンダーを意識した最初です。女が入ってきた、女だと認識しての第一声がこれ。それまでは女子高だったので、みんなで分担するのが当たり前。女子の中で育つということと、男女いる中で育つということは別なんだなあと思いました。学ぶことにおいては平等だけれども、大学といえども生活の中では、伝統的なジェンダーがくっきりと浮かび上がりました」

敗戦から7年。やっと占領から独立したばかりのこと。心に残っているのは、授業を担当した東大医学部の生理学（体育講義）の先生の言である。この先生は終戦の詔書の天皇陛下のお言葉を聞いて、戦争中の日本のあり方の過ちを、家父長制の中の夫と妻、男と女のあり方につながる問題ととらえ、これからは妻を「ハナコさん」と敬称つきで呼ぶようにしたと話してくれた。

「私は、うちの封建的な父が母のことを名前で呼ぶことを想像したら、なんだかおかしくて笑ってしまいました。でも、先生のこの言葉には深い意味が込められていると思いました。敗戦のこと、国の体制のあり方、『おい』『はい』というような男女のあり方も含めて、本当の意味での民主主義を感じたのです。人間の平等ということを国の柱にしていかなければいけないと。たくさんの優れた先生の言葉も聞きましたが、こういう形で教訓を残してくれた先生を、忘れることはできません」

## 東大卒は損

樋口が〝東大卒〟を意識して「損したかなぁ」と思ったのは、朝日新聞社の入社試験のときだったという。新聞記者になりたい一心で、ひたすら学生として、経験を積んできた。東京大学新聞研究所本科に合格して夕方まで勉強。新聞部では編集長、全国学生新聞連盟では副委員長を務めた。もちろん「女子初」。しかし、最高決定のところで、女性だからと入れてもらえていない感じもあった。

「疎外感もありましたが、大学時代はまだ序の口でしたね」

東京研究所（現在・情報学環）には、朝日新聞などの現役記者が非常勤講師で出入りしており、入社試験の情報は伝わってきた。

「結構いい成績で残っているよ」

「今年は東大の女子学生が、いい成績だって」

50人残り、20人に絞る選抜で、残った女子は樋口ひとり。「おめでとう」という電話までかかってきていた。

「でも朝日には入れなかったんです。そのころから東大偏重主義が大いに批判されていて、ひとつの大学に集中しないように振り分けたそうです。事情を知る方からこう言われました。『同じ東大の中に、あなたよりもできる男子学生が何人かいたということ。もし別の女子大の卒業生で女子がひとりだけ残っていたら、確実に入ったな』。このときに東大に入って損したかな、と初めて思いました。今となっては、とても変化がわかりやすいところで終戦直後のあの時期を過ごせてよかったと思っていますけれど」

## 初めてのセクハラ

内定をもらっていた時事通信社に入社した。

第一志望の朝日に落ちたことがショックで、4月1日の入社日まで遊び回っていたという。樋口のほかに時事に受かった同期の女性は、卒業式の前から会社に顔を出し、入社時にはすでに生活部に所属が決まっていた。

ところが樋口は、なかなか決まらなかった。所属長が、新入社員の集まるプールに来て、履歴書を見て所属させる社員を選抜していく。今日は誰々くんと誰々くんは外信部へ、と決定して、1人、2人と減っていった。17人に入社したうち、樋口ひとりが取り残されてしまう。自分が与えられた場に真剣に向き合わなかったことを心から反省した。

「居場所が決まらないのはつらいですね。家の近所を流れていた石神井川に身を投げて死のうかと思った。今の改正労働基準法、男女労働基準法、改正男女雇用均等法のセクハラの事項を見ると、第2項に、性別を理由として働く女性ないし男性の意欲を阻害するようなこともセクハラの中に入るんです。期待されないことで、やる気を失いました」

「もはや戦後ではない」――1956年度の『経済白書』にそう記された。朝鮮戦争特需の影響で戦後復興の終了が宣言され、人々の生活は戦前の水準まで戻った。

樋口は、デスククラスの先輩にかわいがられ、日銀総裁の交代劇があった際には、三井銀行頭取のインタビューにも同席することができたという。

入社して2年。社内の様子がわかってきた。同社で働いている女性の先輩たちは、大部分が独身で40代以上の人が多かった。

あるとき、会社が標語を募集した。樋口以外、全員男性の宴席で、その標語が話題になった。酔いや悪ふざけも手伝って、会話はエスカレートしていった。

「ババアがいても時事《ジジ》通信っていうのはどうだい!」

みんなが大笑いする中で、樋口は身の置き場所がなかった。

「この日の会話はずしんと来ました。先輩の女子社員の中には、戦時中の人手不足を補うために採用された臨時記者もいましたし、戦死した記者の未亡人が働いていました。もはや若くない女性だということで、いつもさげすまれたり、無視されたりする。あと10年もしたら、確実に私もその中に入る。今考えるとあきらかにセクハラでした。

大学の門戸が開いたくらいで男女平等の社会になったと思っていたけれど、戦前とくらべて、それほど変わっていないらしい。東京大学に4年通って、何を見てきたのだろうかと、すっかり社会に押しつぶされてしまいました」

## 専業主婦に

学校という場は、基本的に成績さえよければ楽しい場所だった。樋口曰く、〝深くものを考えない軽佻《けいちょう》浮薄《ふはく》な女の子〟だったので、なぜ生きるのか、などといった深く哲学的なことは考えてこなかった。

「世の中の不安に言葉を与え、人々の判断の材料を提供する。それが戦後手にした民主主義を支える材料になるなら生きがいある人生ではないか……その程度にしか考えていませんでした。『ババアがいても時事《ジジ》通信』という言葉は、私が戦後を眺め通す原点となりました。士気阻喪《しきそそう》して退職してしまった遠因でもあります。戦争に一ぺん負けたくらいで、世の中変わったと信じるなんて、あまりにおろかなことでした。一緒になって笑ってしまえば無難にやり過ごせたのでしょうけれど。それがいやで会社を辞めてしまいました。たまたま縁談があって、最初にお見合いした人が『これからの女の人は東大くらい出てなきゃ』と言ってくれて、ハンサムだったので私も一目で気に入りました。私は一方的な押しかけ嫁でした」

専業主婦になり、社宅暮らしも経験した。東大出ということも別に隠さなかった。家事もおもしろく、子育ても楽しかった。近所のママ友とは買い物に一緒に出掛け、おしゃべりも楽しんだ。周囲の人は「なんだ、東大出の奥さんはふつうの人ね」「あんまり利口そうでもない」と思っていたと、樋口は言う。のちに評論家となる樋口にとって、この専業主婦の月日は、どれだけ役に立ったかわからないほど、貴重な日々だった。

## 再就職と高学歴

2年ほどたったころ。夫は樋口に切り出した。

「君が料理も裁縫もできるのはよくわかった。しかし、僕らは国民の税金で国立大学に学んだ人間だ。今の世の中で、女性で大学に行ける人は限られている。生活を楽しむだけではなくて、社会に返せるようなことをしなければいけないんじゃないの。とりあえず、もう少し勉強したらどうだい」

7年間の結婚生活の中で、夫の言葉に正座して「はい」と答えたのは、このときだけだったと樋口は笑う。

「地道なふつうのエンジニアだった夫は敗戦を経験し、その経験が社会への還元という言葉を言わせたのだと思うんです。政治とか思想とか何も深くはかかわらなかった青年でしたが、この程度に個人の生き方を社会と結びつけて考えていました。夫の言うことは素直にその通りと受けとめました。大学も新聞記者も専業主婦も、無駄なことなんて何ひとつありませんでした」

東京に戻ってのち、樋口は新聞の〝三行広告（求人）〟で就職先を探し始めた。勉強してみたらという夫の言葉は、働く選択を促した。働くというのは樋口にとって、「生理的なもの」。同時に、憲法27条ですべての国民に与えられた権利であり、義務。何も不満はないけれど、酸欠状態から表に出たい、という欲求だった。何がやりたいという明確な志もなかったが、とにかく職を探した。これからの世の中、女性も職業をもっていなければという気負いもなかった。

しかし、「東大出で大手企業にいる夫がいるのに、なぜ働きたいのですか」という会社の面接での問いに答えられない。

「社会が好きなので、外に出たい」「ひたすら外で働きたい」。

生理的要求というのがいちばん〝ピタリ〟だったという。

「今でも私は人間にとって働くとは自然要求であり、だから権利だと思っています。履歴書にうそは書けないから『東大卒』と書きましたが、それがモノをいうとは思いませんでした。『東大卒』が三行広告で仕事を探すからといって落ちぶれたとも思いませんでした。そういうことに私は鈍感で、いわば『プライドが低かった』から再就職できたのだと思います」

そして臨時職員として入社できた政府系シンクタンクでの仕事は機関誌の編集だった。しかしそこではこれまでに経験しなかった男女差別が待っていた。

## 結婚退職制に反発

合格できたのは、早稲田大学出身の男性社員と樋口のふたり。大卒の女子社員も20人ほどいたが、彼女たちは「結婚したら退職する」という念書に判を押して正社員として採用されていた。1960年のことだ。樋口は結婚し、すでに子どももいて、臨時社員でしかなかったので、念書の存在を知らなかった。

そのころ、多くの企業では、結婚退職制を採っていた。女性労働者に対して結婚や出産を理由に、無条件に退職させる制度である。本人がいくら働きたい、働けると望み、能力があっても、働くことはかなわなかった。

男性50歳、女性35歳というような女性のみの若年定年制もざらだった。

「時事通信が、女性差別の権化だと思っていたのに、あそこは女性に対する定年差別もなく、55歳まで勤められ、賃金差別もなかった。びっくりして他の企業を調べてみると、女性は25歳定年、30年定年というところがざらにありました。当時、女性が結婚妊娠して、お腹が大きくなりながら働けるところは、学校の先生ぐらいしかなかった。憲法27条の、すべての国民は勤労の権利を有しているという規定は、どこにいってしまったの。東大で4年間何を勉強してきたのだろう。恵まれた環境にいたので、差別の現実も見えていなかった。ショックであり、恥ずかしく思った」

やがてそのシンクタンクで女性職員のひとりが結婚することになり、辞めることを促された。女性職員一致団結して、退職を阻止しようということになった。樋口は臨時職員という立場上、表立っては行動しなかったが、運動を陰から見守っていた。女性職員たちは、理事や所長の家を夜討ち朝駆けで訪問し、辞めさせないようにと懇願した。そして彼女は嘱託という地位で継続雇用を確保した。ひたすら頼みこむという作戦だったが、とにかく成功、その社員は後に、広報課長まで昇進したという。

結婚退職制に対する反論が動き出したのは後年のことだ。1964年には住友セメントの女性社員が、結婚退職制は結婚の自由と性差別による差別であり、憲法14条および民法90条に反すると東京地裁に提訴し、「女性労働者のみに結婚したからといって労働能率が当然に低下するとは推認できない」とし、68年に和解。72年になって、勤労婦人福祉法9条で女性の結婚退職制の禁止がはじめて定められた。

やがて樋口は、やはり新聞の三行広告で受験し、学研に入社するのだが、そこでもひと騒動があった。

「2度目の面接で、私に子どもがいることがわかりました。すると『当社は共働きはいるけれど、妊娠4か月で退職の内規があります』というのです。労働基準法で妊娠5か月以上の者は辞めさせてはいけない規定があるので労基法に触れない4か月での退職にしたんでしょうね。どうせ落ちるならひとこと言って帰ろうと、私は自分の意見を述べました。

御社は保育に関する出版物を出しているというのに、母親の意見を排除しては、いいものが作れるはずはありません。どうやって読者の声を集めているんですか――。久しぶりに会社を相手に一席ぶちましたね。気持ちよくのびのびと語れました。そうしたら局長さんたちが、もっともだよな、この人は妊娠4か月のはずないようだから、まあいいか、と入社が認められました。うーん、東大卒は何も関係なかったようでした」

## 50年前の「働き方改革」

女性の生き方や性別や役割分業、根強く残る家父長制などについて、全国の女性から「このままでいいのか」という意見が寄せられるような風潮になってきたのは戦後10数年を経てから。樋口自身も、「憲法だけ変わったって、人の意識や行動が変わらなければ変化したことにはならない」と思い、その方法を考えはじめた。まったく無知だった女性の状況も頭に入りはじめた。

「勉強したい」と切実に思った。

1962年、労働省の初代婦人少年局長だった山川菊栄、婦人課長だった田中寿美子が中心になって婦人問題懇話会という研究会を始めた。高度経済成長のプレリュードともいうべき時期で浮かれているけれど、女性は本当にこれでいいのか、という設立趣旨で、多くの女性たちの注目を集めていた。

共働きの世帯、働く母親に対する風当たりは強く「保育所に放りこんで、子どもがかわいそうではないか」「三つ子の魂百まで、母親が育てるべき」と批判された。仕事を持つ母となった樋口は、そうした批判を受ける立場だった。

この婦人問題懇話会の共働きについての勉強会が開催されることを知り、これに参加する。そこには、東大出身の女性官僚、赤松良子らと一緒で、女性の働き方、職場の男女平等を勉強した。

「職場で男女平等になるためには、職場の労働時間が同じだとしたら、家庭を営む労働時間も同等の必要がある。夫の側が家庭生活に協力的でなくその能力がないとしたら、共働きは女に負担がかかりすぎて、女がつぶれるか、女性の就労は補助的にならざるを得ない」

そういう仮説を立てて、基本的に大卒の女性で定年までのスパンで働くということを前提に、現実には夫婦でどう分担したらよいのかを面接調査した。現在、安倍内閣が進める「働き方改革」は、すでに50年前に討議されていたのである。

その研究を論文にまとめ懇話会の会報に載せると、ＮＨＫの女性ディレクターや朝日ジャーナルの編集者らの目に留まり、71年、フリーランスの評論家として仕事を始めるきっかけになった。

「最初は、主婦ＯＬの私なんかが出席してもいいの、という感じでおずおずと参加しました。たまたま先輩で3歳年上の赤松さんに引き立ててもらいましたけれど、東大だからということではないと思います。評論家としてデビューして、ここまでこれたのは幸運としか言いようがないです。東大出が功を奏すのは、人生の後半になってからでした」

東京都をはじめ、労働省、厚生省（当時）、農水省、自治省、内閣府などの行政から、男女共同参画、介護保険、福祉政策、地方分権、農村の女性のビジョンなどについて、審議会員などに登用された。

「選ぶほうの男性職員や官僚が、みんな東大卒ですよ。樋口も東大出だし、あんまりバカなことは言うまい、と安心して選んだのだと思う。でも言いたいこと言いまくったから、選んだ人たちは後悔なさったんじゃないでしょうか（笑）」

## 東大に入るのはえらくはないけれど

樋口にとって、いま東大を目指している女子高校生は、70歳近く下の孫より若い世代だ。彼女たちに対してどういう思いを持っているのか聞いてみた。

「東大を目指している女子は、その高校でトップグループにいたり、その地域のリーダーだったりすると思うのです。それって自己形成にとてもいいことです。トップを目指すというのは、ともすると格好悪いと思われがちですが、東大を目指さないほうがよほど格好が悪い。できることならやったほうがいい。東大に入ったからといって何ひとつえらいことはないけれど、入ってみる価値はあると思います」

近年、学部を卒業したら、大学院に入学する女性も多い。けれども、研究者としても残れない、思うような会社には就職できない、と嘆く女性も多い。樋口は彼女たちをどう思うのだろうか。

「ドクターを取って、高校の教師になるのが、なぜいけないんですか。高校教師になってお給料をもらいながら、自分なりに研究すればいいじゃないですか。人生50年の生き方ならば、○○大学出てふさわしい職業について、ということになるかもしれません。しかし今や人生100年の時代ですよ。これからは個人の職業生活が50年の時代。かつての全人生と同じくらい仕事を持って働くことになります。そうすると、一生の中で縦にひいたり、横になったり、戻ったり。そういう柔軟な身のこなしがなければ、生きていけない。東大出たからって、それができなければ、楽しい人生なんて送れませんよ」

## 税金で作った国立大学

東京家政大学で長きにわたり教鞭をとっていた樋口が、女子学生を相手に1年に1度必ず言ってきたことがある。東京家政といえば私立大学である。かつて死別した最初の夫が、「税金で作った国立大学で4年間学んだ人間として、そのことをどこかで返さなければいかないと思う」

ノーブレス・オブリージュ。高い地位にいるものが、それに相応した責務を負うという考え方だ。国立大学、とりわけ東大を出たものは、そこで得た能力なり才能を社会に還元していくべきだと。

川人博東大教授が書いた『東大は誰のために』という著書の中には、東大は東大生のものでいいのではないか、という一説も出てくる。今どきのドライな考え方だが、そうであってはいけないと樋口は考えている。

「私立大学にも莫大な私学助成金が出ています。私が現役だったころの東京家政大では、6人に1人の教員が私学助成金で賄われている計算でした。6人に1人の教員が減らされたら、教育のレベルが落ちます。それを前提にしたうえで、私は学生たちに言いました。『あなたがたは恵まれた家庭に生まれ、入学試験も突破して、ここで管理栄養士など、さまざまな資格を取得して、日常生活を支える技術者として世の中に返していく責務がある。20歳といえば働いている人も結構な数いる中で、勉強にはげめるのは恵まれた人です。お父さんもお母さんも支出しているでしょうけれど、収入の低い人の税金かもしれないんです』。ここまで言うと、樋口先生のお説教がまた始まった、という顔をするんですが、そういう想像力を働かせて、世の中の人々との関係を理解し、関心を持ち合いながら人生を歩んでほしいと思っています」

最後に女性が幸せになるために、学歴は必要ですか、と尋ねてみた。すると、

「邪魔にはならないけれど、本質的にえらい人は、学歴なんてなくてもえらい」

そう返された。

「だって学歴って、最適だろうと思われる時期に、学習、技術、知識、そういうものを身に付けるチャンスに恵まれたということ。男でも女でも、幸せなことじゃないですか。

他に才能がないから東大に行ったんで、才能があって、たとえば東京芸術大学に行けたらもっとよかったとも思いますよ。マスコミで、固有名詞で活躍できる立場を獲得するという意味では、学歴はほとんど意味も持たなかった。運と一定の通性です。でも大学を出ていないと編集者にもなれないし、入社試験も受けられなかった。一定のスタートラインに立てるということからすると、大学には行っといて損はない」

東大卒で損なことにも得な場面にも出くわした樋口。それでも東大卒の看板は、今の樋口を形作るのに多大な影響を与えていると思う。

# 学歴よりは実力

## 父の一言、母の一言

「この本は女性と東大をテーマにしているということでしたが、私は学歴と実力はイコールではなく、関係ないと思っています。うちの母親は小学校の先生を辞めて父と結婚し、専業主婦として一生を終えました。ずっと幸せそうでした。だから、生きたいように生きればいいのです」

東京・永田町にある参議院会館の事務所で、東京大学法学部卒、弁護士、4期務める社民党参議院議員の福島みずほ(62歳)は話した。

はっきりした政治家らしい物言い。結論を先に話すコミュニケーションの取り方。概して東大卒女子の話し方は無駄がない。とはいえ、そう結論づけられたら、これだけでインタビューは終わってしまう。そこをさらに突っこんで聞いていくことにした。

福島の事務所には4枚ほどの大小の絵があった。スペインかイタリアか。はたまた中南米の女性が描かれている。表情が生き生きとしていて意志がある。長い髪がとても魅力的だった。

「この油絵は、昨年亡くなった母が描いたものです。母は二科展でも入選していて絵を描くことが趣味でした。小さいころ、外に行くとどういう花が咲いていて、これはこういう名前の木だよと、自然のことをよく教えてくれました。カレンダーも手作りで、なぜか母が描いたカレンダーが小学校の理科室に飾ってあったりして……。

姉にも私にも、絵の才能は伝わっていませんが、愛情をかけて育ててくれました。母自身は専業主婦という人生だったけれど、子どもの人生を応援してくれました。私は親ばかならぬ、子ばかなんです」

福島は、宮崎県延岡市の出身。小学校の低学年までは、内気な、家の中で過ごすことが好きな子どもだった。父の転勤先で、たくさんの人と接するようになり、徐々に積極的になっていく。九州は封建的だとよく言われるが、男女区別もなく、のびのび育った。頭のいい子という評判は早くからあったようだ。

「勉強が好きというよりも、本を読むのが好きでした。毎月配本のある世界文学全集を父が持って帰ってくれるのが楽しみで、ものを知ることがおもしろかった。勉強は苦じゃなかったです。暗記しなさいと言われて暗記するというのではなく、とにかく関連する本を読む。世界の歴史だったら、そのジャンルの本。日本の歴史だったら、それに類した本を読む。自分で調べるのが好きでしたし、それが楽しかった」

すでに中学生のころ、将来の職業を絞っていた。ジャーナリストか、弁護士か、小説家。小説家は現実的な同級生から「小説家なんて食べていけないよ」と言われ迷った。大好きな映画を観に行ったものの、映画そっちのけで、上映前に流れる「電波ニュース」に見入ったという。

特に印象深かったのは、アメリカの弁護士で社会運動家のラルフ・ネーダーの活躍の報道だった。環境保護、民主化、平等を訴えていた。日本でも手弁当で公害訴訟を引き受けている弁護士のニュースに釘づけになった。「私もいつか公益性の高い、社会的な仕事でがんばりたい」という気持ちが強くなっていく。

多感な時期に父親に言われたのは次の言葉だった。

「まだまだこの社会では、残念ながら組織には差別がある。大学卒業した女性は、シビアな企業では採用されない。だから資格を持って、一生働ける仕事に就きなさい」

「高卒の女性が地元の銀行や企業に就職しているのは知っていましたが、大卒の女性となると別でした。資格を取って働きなさいというのは父の持論で、姉も私も、その道を歩くようになります。社会がそうだとしたら、私は司法試験を受けて弁護士になりたいと思うようになっていったのです」

一方の母は、福島と姉を見守った。母から言われ記憶に残っている言葉がある。それは、

「あなたは気骨があるから、やりたいことをやりなさい」

福島の道は決まった――。

## 親のリモコン操作

宮崎県立宮崎大宮高校に入学すると、福島の〝秀才ぶり〟は全国にも轟《とどろ》いていた。全国模試で1位。つねに上位にいた。そして旺文社が主催する世界一周ジュニアツアーにも選

抜されて、夏休み中をかけて世界一周した。

「世界は広いということを、この時期に体験できたことはすごくよかったです。そう思うといろいろな機会に恵まれていた」

近所に東大に合格した先輩がいて、唐十郎の『少女仮面』やヴィクトール・フランクルの『夜と霧』を持って遊びに来た。地方に住む多感な少女にとって、演劇をはじめ、東京の文化的な話は魅力的だった。上京して偶然、東大にも行った。三四郎池を見て、漠然と「いいなあ」と思っていたという。

高校3年のとき、神戸にいる親戚の家に遊びに行った。

「みずほちゃんは、どうして東京に行きたいの？ 東京の大学を受けるの？」

「そう聞かれて、私は、親のリモコン操作から逃れるため、と答えているんですよ。宮崎にも国立大学はあるし、福岡には九州大学もある。地方の国立大学に行くのが当たり前だと思われていました。でも九州圏内だときっと親にリモコン操作されると考えていました。東京に憧れもあったし、東京の大学に行きたいと。しかし、何が何でも東大というわけではなかった。弁護士になると決めていたので、早稲田大学の法学部も受けましたし、浪人していたらまた東大を受けたかは疑問です。住むところも含めて、資格を取って、自分の人生は自分で決める。それしかなかった」

そのためには、勉強しなければならなかった。

中高一貫校ならば学校側が指導してくれる。しかし通っていた公立の進学校はリベラルだったが、通常の授業だけで大学受験用の勉強は特にしてくれなかった。学校の勉強とは別に、自分で勉強法を考えてやるしかない。数冊の教科書を読み比べて知識をつけた。

そして増進会（現・Z会）の通信教育。増進会は記述式で、自分で思考して文章を書かなければいけない。その方式が福島には合っていた。当時、京大の入試問題がオリジナリティーにあふれるものだったのに対して、東大はオーソドックスで論述の問題が多かった。福島は入試の方法を見て、自分が東大向きだと思った。もくもくと勉強を続け、晴れて東京大学文科Ⅰ類に合格。弁護士への一歩を踏み出した。

## 求人票は男子ばかり

当時の法学部は、630人中、女子は14人。外国語の履修別に女子は1クラスに3人が集められた。大学側も地方の女子が孤立しないような編成を考えていたようだったという。

「東京出身の、いい意味でも遊んでいる女子が多くて18歳でもすでに大人になってると感じられる子が多かったです。フランス語も高校時代からやっている、中国語も習ったことがある子もいて、私は臆するというよりも、ガリ勉ばかりだと思っていた同級生にいろいろなタイプの人がいて楽しかった。これは東大ならではの、いい点だと思います。

本郷に行けば勉強一筋になってしまいますが、駒場にいるうちは楽しかった。同級生の、後にパートナーとなる男性（弁護士の海渡雄一）とも知り合いました。オーケストラ部に所属し、まだ強かった野球部の試合を見に神宮球場にも応援しに行ったことも。演劇集団も、学生演劇もさかんで映画、演劇をよく観ました。ものすごい量の本を読む人、頭がいい人がいて、たくさんの人に出会えたことがよかった」

講義もそうそうたる教授陣が集まっていた。芦部信喜の憲法、小林直樹の憲法学、ヨーロッパ政治史の篠原一――。今思い出しても有意義な授業だったという。

ただ、合コンには誘われなかった。

他大学との飲み会もあったが、大学名はけっして明かさなかった。友人たちと旅行に行くと、ナンパされかかった。

「僕たち慶応なんだけれど、君たちどこ？」

そう誘ってきたが、「東大」と伝えた途端に、去った。気を取り直して戻ってきたものの、「男の人は学歴でナンパする」ことを知った。

弁護士になろうと思って進んだ法学部だったが、周囲には国家公務員試験を経て官僚希望の学生がことのほか多かった。「たくさんAを取って官僚になるときに有利になるようにしたい」と必死に勉強している。

一方の福島ら司法試験組は、在学中から司法試験を受ける人が多い。福島もまた例に倣って受けた。が、司法試験はなかなか難関だった。

大学4年のとき、周囲は就活の真っ最中だった。福島も関心があり求人票を見に行くと、〝男子〟の募集ばかり。かつて父が言ったように、大学卒の女性の求人は皆無である。瑞穂という名前で、男子と間違えた企業は、パンフレットを数箱分も送ってきたが、あきらかに女子とわかる名前の友人には、企業案内が1通も送られてこなかった。最高の大学の東大女子であっても――。

「彼女は官僚になりましたが、このときに男女差別を感じました。もちろん司法試験は受け続けるつもりでしたが、これほどまでかと一般企業の就職に落胆しました。だからこそ司法試験に合格して女性の地位向上のために何かをしようと決意したのです」

## つらかった司法試験

当時の、いわゆる旧司法試験は、第一次試験と第二次試験が行われる。第一次は教養を問う試験で、大学に2年以上在籍していた人は免除される。多くの受験者は、二次の択一試験から始め、論文、口述と進む。しかし一次から進めば、中卒でも高卒でも、試験は受けられる。

〝秀才〟福島をして「もう言いたくないくらい受けた」司法試験。

「択一試験に合格し、論文試験に落ちた受験者に対して、各科目の総合点を教えてくれたのです。どの科目がどの程度で失敗したかがわかるので、私はずっとA評価。3万人の受験者の中で択一で3000人が受かり、論文では450人が合格する。1000人の中に毎年入っているのだから、ところてん式に考えると、次の年には受かるんです。でもなかなか受からなくて……。〝また落ちた〟と親に電話するのが本当につらかった。でも諦めないで続けるしかない。司法試験に受かったときに、母親から初めて『お父さんと一緒にお百度参りしていた』と聞かされて涙が出ました」

1987年に弁護士登録し、第二東京弁護士会に所属した。

「旧司法試験は、本当に公平な試験でした。年齢、性別、学歴、国籍に一切関係ない、東京医大の女子差別、多浪生に対する差別が表に出ましたが、女だから、年齢が高いからということがなかった。だからこそ目指したのです。

弁護士になってからも東大卒かどうかなんて関係がないメリットもない。弁護士同士『先生の出身大学は?』なんて聞くことはありませんから。すべて実力。何をやったかで評価されます。政治家になってからは、役人と付き合うときに、かつての同級生や先輩、後輩に会うこともありますが、だからといって話が通しやすいなんてこともない。東大卒だから、この人ひょっとして頭がいいかもと勘違いしてもらえることがあったとしたら、うれしいですね(笑)」

## ―― 親の整合性のなさ ――

文部科学省が発表した「平成30年度学校基本調査」によると、全国の大学進学率は男女合わせて53・3%。女子は、50・1%で、2人に1人が4年制大学に進学している。東京都に至っては、73・17%。全国平均を20ポイント以上、上回る。順に京都府、兵庫県、奈良県、広島県、山梨県、大阪府、神奈川県と続くが、全国平均を上回るのは、この8都府県のみで、進学率の格差が歴然となった。最下位の鹿児島県は、男43・44に対し、女34・11だった。

親は平等に子どもを育てようとは考えるが、一定の収入の中で教育投資しようとすると、戦略的に男子にお金をかける側面を持っていると言われる。「女に教育はいらない」という古くからの考えがいまだにまかり通り、このような結果が出たのかもしれない。

「昔のことですが、お兄ちゃんは東大に行っているのに、妹は高卒や短大卒っていうことがありました。男の子だけ中高一貫校に入れたり、家庭教師をつけたりして。男の子に期待して、女の子はほどほどに、と。その名残がまだあるのでしょうか」

たまたま女子に生まれたことで、家族内でも区別があるとしたら、女子は生きづらい。

福島が続けて言う。

「女の子って何がしんどいかというと、アクセルとブレーキを一緒に踏むようなことがたびたびあることなんです」

一生懸命勉強しようとすると、でも女の子だからかわいらしくしなければいけない、ともいわれる。20歳くらいになって大学でまじめに勉強しようとすると、親はそろそろ恋人はいないの？　結婚できないわよ、と言う。それで結婚しようとして連れてきた男を、難癖をつけて結婚相手にふさわしくない、と却下する。30歳も過ぎたころには、「誰でもいいから連れてこい」。

「親自身も一貫したポリシーがあるわけではないのです。親は誰だって自分の子どもが小さいころには、利発な子がいいと思い、勉強がんばってね、と言うけれど、途中からは結婚したほうがいい、3高（高身長、高学歴、高収入）がいい。高収入がいいから、安定した大企業がいいなんて、どうしても言ってしまうものです。親から出てくるものが、その都度、違って矛盾しているから子どもが混乱するようになる。

私の親がすばらしかったのは、子どもの負担になることをいっさい言わなかった。それはすごいことだと思います」

## この社会をできるだけ公平に

結婚して専業主婦になるのもいい。専業主婦を経てNPOやNGOの職員になるのもいいだろう。起業してビジネスマンになるのもいい。生き方、価値観は多様化しているのだから、それを尊重し、「自分がやりたいことをやればいい」と福島は提言する。

「勉強のできる子は、親の期待に沿って生きなければいけないというのはあるかもしれません。でも誰かにやらされている、親がこう言うから、というのがいちばんよくない。自分がやりたいことをやっているときは、少なくとも、他の人の目にどう移ろうが、それほど不本意な人生にならないはずです。他人とくらべるのはもうやめましょうと言いたい。ただ何かにぶら下がって生きるほど、この社会は甘くない。大学は行ければ入っておいたほうがいいけれど、高校出て働いたっていい。自分のやりたいことをやればいい」

東大に入り卒業し、苦労して弁護士になり、議員になった。

そういう人生の中では、大学卒の資格よりも、他の要素のほうがはるかに大事だということを知ったという。

「大学名なんて誰も聞かないし、意味がないし、もっともっと面倒くさいことをやらなければいけないことのほうが多い。政治って、生きづらさを生む壁や不満のタネをどうやって政策に反映していくかが課題です。働く女性たちの保育所問題、介護、ＬＧＢＴ、外国人や難民の問題や差別。学歴なんて大学を出た時点で関係ない。

幸せって多様化しているし、価値観が違い、何をもって成功というかはわからない。その人が幸せだと思えれば、それでいいんだと思います。東大出たって、幸せな人もいれば不幸な人もいるはず。でも女性たちが自己肯定感をもって、公平に生きられる社会を、私たち政治家が作らなければいけないと思っています」

そう話すと、福島は、女性の差別を解消すべく、次の会合場所へと移動していった。

# 学歴は女性のためにある

## 消去法の東大

「女子学生は、少なくとも教育の場では差別されない。しかし就職の場で、入社してから差別を受ける。女性に対してなんで差別があるのか、と悩みます。それでは女の子に対して教育をつけようという動きがあるかというと反対で、ディスカレッジ（気持ちを削ぐ）される中で育ちます。教育は選抜という側面もあるが、いろいろな機会を与えることで、男性も女性も伸びていくという側面もある。職業的なチャンスも得る。教育における男女差別はなくしてほしいと思っています」

武蔵大学社会学部教授の千田有紀（49歳）は、「東京医科大学入試女性差別に抗議する緊急院内集会」の席上で、このように語った。日本を代表するフェミニスト、上野千鶴子の弟子として、現代社会学、家族論を専門に活躍する千田の緊急アピールは、そこに集まった女性たちから多くの賛同を得た。

大阪で生まれた千田は、転勤族の父親の行く先々でさまざまな体験をしてきた。千葉、八王子、福岡、静岡、名古屋――。高校は愛知県立旭丘高校に進んだ。千田の時代にも、学年で40番以内に入れば、東大か京大には進めると言われていた。女子の数よりも男子の数が倍以上で、高3になって理系と文系にわかれた。

「最初は医者になろうと思っていたのですが、理系の勉強がいやでいやで、興味のもてない授業は受けたくないと思って文系に。文学部に行くつもりで勉強しましたが、文学部は職業に直結する学部ではないこともわかっていたので、どうしようかと悩みました。

一方で父も転勤族なので、どこに赴任するかわからない。なまじ名古屋大学に進んだりして、名古屋に取り残されるのもいやだった。それならば東京に行ってしまおう。国公立にしか進ませないと言われていたので、就職でも効果があるであろう、東大の文学部に進もうと決めました。消去法だったのです（笑）。東大には進振りもあるし、先のことはそのときに決めればいいと思って……」

高校側は放任。受験勉強は自分でするしかない。生徒たちも「どうせ受かんないのだから、記念受験で高いところを受けよう」と東大、京大を受けたという。

千田は、1年浪人の後、東大文Ⅲに合格した。

## 本が少ない家

千田自身は、〝なんの教養もないサラリーマン家庭〟に育ったと話す。祖父、父、自分と3代東大に入った女友達が千田の家の本棚を見て言った。

「有紀ちゃんの家、本が少ないね。驚いちゃった」

彼女の家の父親は大学教授。本棚には学術書も並んでいたのだろう。中身は、千田家とはかなり違ったらしい。

「うちの父親の本棚は〝出世のために戦国武将の知恵を盗め〟というような実用書しかなかったです（笑）。母親は文学全集をインテリアのように並べていた人ですから、かなり違っていたのだと思います」

小さいころから、勉強はできた。特にＩＱ（Intelligence Quotient 知能指数）は高かった。母親は「１６０以上あった」というほどの天才。千田は「母が話を盛っているんじゃないか」と疑っているが、知能指数の上位者に行われる特別開発試験（メンサ）にも参加したという。

ＩＱとは知能指数、頭のよさを測る指数として１００年前に作られた。従来は、精神年齢÷実年齢×１００で計算される。今では、同年齢集団での位置を示す方式になってい て、（得点—該当年齢の平均点）÷該当年齢の標準偏差×１／15＋１００で計算される。

スタンフォード大学の学者ターマンの定義によれば、ＩＱ１４０以上は、天才または天才に近いと位置づけられ、人口の０・８％しかいない。ＩＱの高さだけでも注目すべき少女だった。

さて、すばらしいＩＱの数値を出した千田は、とにかく本好き、活字好きな少女に育った。

「小学校3年のころは福岡にいたのですが、両親は決してインテリではなかったので、活字が少ない。読み物に飢えていて、取っていた西日本新聞を読むのが楽しみ。学校から帰ると配達される新聞をいまかいまかと待っていました。何かが読みたくて、たとえば商品の説明書まで読むような子でした」

## 子どもらしくない子

優等生で、いつも学級委員に選ばれていた少女は、次に転校した静岡で苦労した。静岡はサッカー王国としても知られるように、体育教育が盛んな地域だった。朝からマラソンをさせられ、夏は水泳。〝もやしっ子〟だった千田は、来る日も来る日も運動をさせられて辟易としていたそうだ。周囲の子がスポーツばかりするので、勉強や読書をしている千田は、目立つ存在だった。母親は担任から言われた。

「お宅のお子さんは、休み時間になると女の子同士で集まって本を読んでいます。実に子どもらしくない」

運動会のために連日、行進の練習もした。

「スポーツって全体主義でいやだと思っていました。その反動で、1日に3、4冊の本を読んでました。図書館や学級文庫で、本を借りるとシールを貼ってくれるのです。それが楽しくて。シャーロック・ホームズをはじめとする推理物が好きで、戦争を扱った物語では、なんて悲惨なものかと泣いて泣いて。そんな少女時代でした。

東京にいるいとこが中学受験をして、いらなくなった受験参考書を送ってくれたのです。それを読みながら心底うらやましかった。こういう試験を受けたいな、と。地方ではその環境とはほど遠かった。

今から振り返って思うのは、女の子が理系に進むようになるのは、親の影響がかなり大きい。我が家の場合は、理系の本もなかったうえに、親も理系に興味を持つように育ててこなかったので、私自身は理系には進まなかった。小学生の娘には、月の満ち欠けや地球など、科学分野の本や評論などを読み聞かせしてきました。科学館や博物館にも連れていきます。親が意識的にしないと、女の子は理系には進まないのです」

学力が伸び始めたのは、中学校に入ってからだった。近所に塾はなく、中学校で予習、復習を徹底的にやるように指導され、英語で日記を書くなど、自主勉強で力をつけた。高校受験のために通った塾で言われたことが今でも印象に残っている。

「大学進学を望んでいるなら、高校のことをきちんと考えて選んだほうがいい」

母親は家から通える近くの高校でいいと主張した。千田は自分の能力にあった前述の進学校に入学した。

「母親の言う通り進んでいたら、違う人生を送っていたのではないかと思います」

## 〝母のリベンジ〟だった

〝父の娘〟という言葉がある。簡単に言うとファザコン、母を遠ざけて父と精神的に密着する関係で、父親に気に入られようと、あるいは自慢の娘になろうと努力する娘のことを指す。そのため内面にある女性性を否定し、女性の集団になじみにくくなる。男性社会の中で評価されようとする傾向がある。

一方で〝母の娘〟という言葉があるかどうかはわからないが、母と娘の関係は、ときに濃厚な母子密着を呼び、娘に生きづらさを感じさせる。

「我が家は、朝起きたら父親は仕事に出ていてすでにいない。夜は私たち娘が寝てから帰るという毎日で、典型的なワンオペ育児でした。母親は、勉強はできたけれど、家庭の事情で大学に進学させてもらえなかった。そのため教育熱心で、子どもの私には、バイオリン、絵画、習字など、一通りのことをさせました。

母のリベンジだったと思うんです。でもバイオリンを習わせるからといって、クラシックのレコードを買って聴かせるようなことはしない。教養をつけたいと思っているわけではなく、執念で私に過剰投資した。

母は成績がよかった私を褒め、勉強することはよいこと、という方向付けをしたかったのだと思う。しかし妹には何も言わず、彼女は自由でした。兄弟に男の子がひとりでもいたら、母娘関係はきっと違っていて、私にではなく男の子に投資したと思う」

家庭の教育方針がいかにちぐはぐだったかを表すエピソードがある。千田が高校の受験勉強をしていたある日、家庭麻雀のメンバーが足りないので参加するようにと母親が言ってきた。千田は「お願いだから勉強させて」と懇願しても、「勉強と家族のだんらんはどちらが大事なの⁉」と迫られた。結局、母親に従うしかなかった。

父親もまた、女の子が勉強するのを快く思わず、「学校の勉強だけで点が取れないのなら、勉強しなくていい」という方針だった。東大を受けると相談したときも「ああ、そうなの」と言うのみだった。

母親の口癖は「専業主婦なんてつまらない」。大学も行きたかったのに行けなかった。外に出て仕事もしたかったのに、夫が働かせてくれなかった。

娘に期待をかけている母親だったので、東大に合格したときは、たいそう喜んだ。一方で、入学式に出席した母親は宿泊先のホテルで泣いた。

「有紀ちゃんがいなくなったら、私はどうしたらいいの」

娘は驚いた。

「母は専業主婦で、花の名前とか、家事とか、私にはわからない生活の知恵などを知っていて、尊敬はしているのですが、『他者』という考え方がない。どこまでも母と娘は一心同体だと思っているし、私をコントロールできると思っているんです」

大学入学を機に、母は寂しく思い、娘は母の呪縛が解けてハッピーになる。どこにでもあると思われる光景だが、母娘の関係は、ここで終焉ではない。仕事、結婚、出産とライフステージのときになると、また母が出てくる。

「大学院を出て仕事も決まり、結婚して子どもも生まれると、いろいろ言ってきました。

私が妬ましかったのだと思います。

自分の歩めなかった道を歩んでほしいと言っているくせに、仕事だけではなく結婚も子どもも得てしまい、嫉妬したのかもしれません。いずれにせよ、母にとって私はいつまでも娘なので、きっとこれからも続いていくのだと思う」

## 勉強してもいじめられない場所

千田が入学した1986年はバブルの時期。たくさんのものから解放された千田は、まさに青春を謳歌したようだ。駒場の教養課程では、村上陽一郎の科学史の授業がとくにおもしろかった。

「近代において科学の認識はどのようにできたかということなのですが、高校時代はマンガばかりを読んでいたので、自然科学、哲学も含めて興味深かったです。教養課程のカリキュラムはそれほど統一されておらず、いろいろな先生の授業をとれた。原書を読んで、ドイツ語は馬としゃべる言語だと言われたりするけれど、きれいな文章を読むと、いかにきれいな言語で書かれているかがわかりました」

東大に入ってよかったと思ったことは、「東大にいる間、男子のほうが〝できる〟と思ったことがないことだった」と話す。当時は女子の割合が1割しかいなかったが、テストの点は、女子のほうがよかった。進振りでは平均点が発表されたが、いずれも女子のほうが高かった。

特にキャンパスで出会う桜蔭出身の女子たちの印象は強烈だった。桜蔭の女子が、中学

1年生のときに『共産党宣言』を読んだという。しかも買うのが恥ずかしかったので、絵本の下に隠して買ったそうだ。

その話を聞いて千田は驚いた。

「私の中学時代は、学校に詩集を持っていったら『何すかしてんだよ!』とヤンキーの子に言われました。友人の間で通常、話題になるのは、『たけのこの里ときのこの山、どっちがいい?』。こういう会話を無難にこなすことに神経をつかっていました。

桜蔭の人たちは、勉強していて怒られたこと、いじめられたことがないんだ。屈託なく勉強できる空間があるということがわかった。小学校では、子ども心にダイバーシティーを学び、高校に入ったらそれなりに息はできたけれど、東大に入ってからは、かなり楽でした。気持ちが通じ合った友人たちと出会えたから――。自分の居場所がここにあると思いました」

当時はバブルに踊らされ、大学生は適当に勉強してキャンパスライフを楽しんで、適当にバイトして、苦労しないでマスコミなどの楽しい仕事をするのが格好いいぜ、という時代にあって、東大には勉強するのも悪いことじゃないという雰囲気があった。その後、千田は勉強に励み、大学院に進むこととなる。

## 研究者として東大卒は必要だった

フェミニズムに出会ったのは、高校時代。現代国語の女性の先生が強烈だった。フランスのフェミニスト、シモーヌ・ド・ボーヴォワール『ボーヴォワール――自身を語る』というビデオを見せて、自由恋愛とは何かを書かせた。また森鷗外の『舞姫』を題材に授業したときは「エリート然として女を弄《もてあそ》んでいる、酷い男だ」などと表現した。千田はフェミニストとしては、この社会で生きづらいだろうといったんは思ったが、大学で出会ったフェミニズム、ジェンダーの研究に没頭した。文学部社会学科を卒業し、大学院教育学研究科修士課程、大学院人文社会系研究科修士課程を修了し、さらに2000年に同研究科博士課程を修了した。

「上野さんのゼミには7年いました。上野さんが東大にきたときには大学院生になっていましたが、最初の指導院生です。上野さんは本当にすごい。仕事も早いし、論争では絶対に負けない。ああなりたいと思う人とそうではない人といるかもしれないのですが、私はなれないと思った。弟子になったおかげで、すごさを感じて、私、野心なくなっちゃったんです。

お茶の水女子大学に英米文学者の竹村和子さんがいらして、ジュディス・バトラーの『ジェンダー・トラブル』を訳した人で、この方にもいろいろ教えていただいた。新しいジェンダー論が出てきたころで英語で原書を読んでいる学者は少なく、ジェンダー理論について書いてくれということで、仕事が増えていったのです」

博士課程を修了すると、すぐに30歳で東京外国語大学の専任講師、32歳で助教授になる。かなり異例のことで、研究者としては順風満帆だった。

「大学の教員、研究者は学歴がついてまわる職場です。ふつうの人は就職したら、大学はどこを出ているかなんて関係ない。しかし、研究者の世界では、誰の弟子だとついてまわる側面もある。上野ゼミで学んだことも大きかったし、ジェンダー理論の解説の仕事を次々といただいたのもいいほうに動きました。新卒で外語大に就職したことは本当にねたまれました。ちょっと耐え切れなくなってしまうくらいの中傷もありました。

今でもたまに同僚の教員からは、東大はネットワークがあるのでいいわねと言われます。就職は公募ですから関係ありませんが、しかし情報のネットワークはあるかもしれない。研究者にとって東大は、出ておいてよかったと思います」

その後千田は、コロンビア大学客員研究員として渡米。帰国してしばらくして現職になった。研究者の世界では、国立大学の助教授になり、いつか東大に戻れたら〝一丁あがり〟なのだという。国立大学にいれば、研究の時間もあるが、本当にこれでいいのかと悩んだ。

「出世するよりも、社会学に関心のなかった層に教えていくのが、私の務めではないか」

ここに、千田流のノーブレス・オブリージュを感じる。

ところで1990年以降、東大が先陣を切って、大学院重点化を進めた。大学の学部に基礎研究の場をおいていたものを、大学院にスイッチしていった。その結果、学部定員を大学院定員に切り替えるなどして、大学院の定員を急激に増加させた。大学院のハードルが下がり、入りやすくなったものの、〝大学院は出たけれど、希望の職種に就けない高学歴女子〟が多数出現した。

「私たちの時代は、大学院の定員は3人に10人以上が応募するなど、かなりの倍率でした。その代わり、修士論文を書いて博士課程に進学できればだいたいそのまま研究者になれたのです。

現在は入ったものの修士論文を書いて、博士課程に行ける人は半分。修士課程を終わったぐらいでは、キャリアは学部卒と同じか、むしろ劣る。大学院を出てもいい仕事に就けないので、東大生は東大大学院へはあまり行かないですね。研究に専念できない学生を大量に増やしたことで重点化は本当に罪深いと思います」

## かわいい子ほど勉強しなきゃいけない

千田が言う。

「大学の教員だから思うのかもしれないけれど、高校までの勉強はある意味、詰めこみ。ある一定の知識を得ることが目的だけれど、大学の知識は、もう一歩踏みこんで人やものを批判的に考えたり、特に文系の学問は論理立てて、批判的に考える思考方式とそれをいかに表現するかを学ぶ。そこが重要なんです。

また、大学に行って気の合う人たちと出会うのは大事です。そういう時間があったことは一生ついて回ります」

そして勉強の大切さを説く。

女子だからこそ勉強しなければいけない、若いうちに勉強しなければいけない、と。

「ホワンとしてたら、いつの間にか、ノーと言えない人間になってしまいますよ。それがいちばん怖いです。若ければ若いほど、いろいろな意味で批判も浴びるし、搾取《さくしゅ》もされやすい。自分をしっかり持って、自分は言いたいことを言っていいんだという自己肯定感を持っておかないといけない。

不本意なことになったら、はっきりノーと言う。人の期待に応えるばかりでなく、自分はこうしたいという意思表示をする。確固たる自分を持つためにも、勉強は必要です」

特にこれからは海外に出ていく人も多いだろう。そんなときには、自分の住んでいる社会とは違う文化や常識を柔軟に受け入れ、確固たる自分を持っていないと流される。自分をしっかり持ったうえで、物事をクリティカルに考える。これが今後を生き抜くポイントになる。

最後に千田に、女性が幸せになるために学歴が必要かを尋ねた。

「学歴というと微妙ですが、女子の場合は特に学歴があったほうがいい。労働市場では女性はものすごく不利なので、学歴が武器になる瞬間もある。

東大出てよかったことは、なかなか愛されないけれど、舐《な》められない。

若いころは愛されるほうが重要だと思うけれど、キャリアを形成していくときに、まあ彼女は東大出てるからしかたないかと、一目置いて従ってもらえるケースもある。そういうときには東大の重さがあるのかなぁと思います」

# おわりに

　今回取材した東大卒女子は、単に頭がよくて、利口で、賢いだけではなく、生き方が賢明だと思った。いまさら「東大女子」というひとつのアイコンではくくれないし、それを鼻にかけていては、世の中を渡っていけない。それがわかっているから、職場でママ友の世界で、上手く生きてきた。

　彼女たちは、小さいころから勉強ができ、特に英語がよくできるという共通点がある。先生にもクラスメートにも一目置かれた存在として成長した。まわりの期待にこたえ、自分でも勉強することでアイデンティティを確立してきている。また同時に、小学校の高学年になると、将来の目標をおいて、それに向かって努力する姿が見てとれた。まれに天才型の人にも出会ったが、多くは努力の人だった。早めにスイッチが入り、勉強を継続していた。

それには理由があった。人生の早い時期に目標を設定することは、なかなか困難だが、それを可能にしているのは、親、兄弟、親せき、祖父母、先輩など、周囲の人の存在だ。東大出身の人が身近にいれば、あきらかに東大へのハードルは低くなっている。「ちょっと、私も受けてみようかな」という気に……。東大卒は、小さいころからの文化的資産の問題がよく言われるが、それよりも周囲の働きかけにより、「東大入学」という目標が明確になっているようだ。

母親との確執を悩みにあげる人も多かった。小さいころからできのいい子ならば、親も期待する。それがプレッシャーや重荷になっていた。母親が何らかの事情で大学入学を果たせなくて、娘に夢を重ねた場合、それが顕著になった。他方、高学歴の母もまた、子に期待をかけ、厳しくしつけたことで、母娘関係が悪化した人もいた。

さて、出会った女性たちは、弁が立つ。話によどみがない。芯が強い。それは身につけてきた教養によって、きちんと理論武装されているからだと思う。

東大に入れる人は遺伝だ、地頭がいいから、いや環境、育ち方だ、という議論には意味がない。遺伝と言われれば話はそこで終わってしまうし、環境と言えば、努力してきたからこの結果になった、だから努力してこなかった人は駄目だ、という自己責任論になってしまう。しかし決してそうではないのだ。

また親が貧困などで教育費をかけられなくても、東大に入学を果たした人はいる。お金をかけなくても、親が適切な教育を施すことはできるはずだ。この知的好奇心を刺激するためにできることはたくさんある。周囲に期待してくれる人がいれば、本人も努力することができる。ようは、本人にやる気があるかないかなのだ。

東大卒でも東大卒でなくても、いくつになっても勉強することが大事だ。本を読んでも勉強はできるが、やはり大学に行って幅広い知識を習得し、多くの人と交流し、切磋琢磨することに、大学に行く意味があるはずだ。勉強することは人生を豊かにしてくれる。

そして今、重要なのは女性同士の連帯である。

まだまだ日本の社会には女性差別による、ガラスの天井がある。女性の管理職を増やす、女性議員を増やすだけではなく、本当に女性が輝ける社会にしなければ、次世代の子どもたちに生きづらさや負の財産を継承させてしまう結果になる。そのためには、東大卒女子に、女性たちのリーダーとなり、地位向上のために尽力してほしい。それこそが、東大を卒業した意味でもあり、ノーブレス・オブリージュだろう。

社会の困難は、年を追うごとに増えている。経済的な格差は、どんどん広がっており、日本の単身女性の3人に1人は貧困状態にある。奨学金を返せない女性もたくさんいる。困難な時代だからこそ、生きていくための教養が必要だと思う。


女優のエマ・ワトソンが国連の「ガールズ・デー」(18年10月11日)でスピーチを行った。

「The saddest thing for a girl to do is to dumb herself down for a guy.」

(女子にとっていちばん悲しいのは、男子のために自分のレベルを下げることよ)

しかし男性のために、自分のレベルを下げる必要はない。セクハラを受けないためにも、もっと勉強して太刀打ちできるための技量を身につけるべきだ。

幸せは他人が決めるものではない。自分の道を切り開くために、いくつになっても勉強は必要なのだ。

字数の関係で掲載できなかった東大卒女子も数多くいた。この場を借りて取材させていただいたみなさんに感謝したい。そして編集の藤沢陽子さんに後押ししていただいた。女性が生きやすい社会を作らなければいけないと切に思う。

# 参考文献

『いいエリート、わるいエリート』山口真由（新潮社）
『女性と学歴 女子高等教育の歩みと行方』橘木俊詔（勁草書房）
『遺伝か、能力か、環境か、努力か、運なのか』橘木俊詔（平凡社）
『神童は大人になってどうなったのか』小林哲夫（太田出版）
『LEAN IN 女性、仕事、リーダーへの意欲』
シェリル・サンドバーグ（日本経済新聞社）
『ルポ東大女子』おおたとしまさ（幻冬舎）
『過労死ゼロの社会を 高橋まつりさんはなぜ亡くなったのか』
高橋幸美、川人博（連合出版）
『東大は誰のために──川人ゼミ卒業生たちは今』川人博 編（連合出版）
『「父の娘」たち』矢川澄子（平凡社）
『ジェンダーと教育』天野正子 編（岩波書店）
『世界で働くプロフェッショナルが語る 東大のグローバル人材講義』
江川雅子 編（東京大学出版会）
『10代のうちに考えておくこと』香山リカ（岩波書店）
『受験学力』和田秀樹（集英社）

**樋田敦子** ひだ・あつこ

東京生まれ。明治大学法学部卒業後、新聞記者に。日航機墜落事故、阪神淡路大震災など、おもに事件事故報道の現場に立った。10年の記者生活を経てフリーランスに。『婦人公論』など多くの雑誌やネットメディアで女性や子どもたちの問題をテーマに取材執筆を行うほか、テレビやラジオの番組構成も担当。おもな書籍に『女性と子どもの貧困』(大和書房)などがある。

# 東大を出たあの子は幸せになったのか


2018年12月5日　第1刷発行

著者　樋田敦子《ひだあつこ》
発行者　佐藤靖
発行所　大和書房《だいわ》
東京都文京区関口1-33-4
電話 03(3203)4511

イラストレーション　くぼあやこ
ブックデザイン　アルビレオ
本文印刷　信毎書籍印刷
カバー印刷　歩プロセス
製本　ナショナル製本



ISBN978-4-479-39316-0



http://www.daiwashobo.co.jp